智能时代高等职业教育转型研究

赵玉婷 ◎ 著

吉林出版集团股份有限公司

版权所有　侵权必究

图书在版编目（CIP）数据

智能时代高等职业教育转型研究 / 赵玉婷著．— 长春：吉林出版集团股份有限公司，2023.8
ISBN 978-7-5731-4206-1

Ⅰ.①智… Ⅱ.①赵… Ⅲ.①高等职业教育－教育研究－中国 Ⅳ.①G718.5

中国国家版本馆CIP数据核字（2023）第176235号

智能时代高等职业教育转型研究
ZHINENG SHIDAI GAODENG ZHIYE JIAOYU ZHUANXING YANJIU

著　　者	赵玉婷
出版策划	崔文辉
责任编辑	侯　帅
封面设计	文　一
出　　版	吉林出版集团股份有限公司
	（长春市福祉大路5788号，邮政编码：130118）
发　　行	吉林出版集团译文图书经营有限公司
	（http://shop34896900.taobao.com）
电　　话	总编办：0431-81629909　营销部：0431-81629880/81629900
印　　刷	廊坊市广阳区九洲印刷厂
开　　本	787mm×1092mm　1/16
字　　数	220千字
印　　张	14
版　　次	2023年8月第1版
印　　次	2024年1月第1次印刷
书　　号	ISBN 978-7-5731-4206-1
定　　价	78.00元

如发现印装质量问题，影响阅读，请与印刷厂联系调换。电话：0316-2803040

前　言

互联网技术的发展，为人类进入学校智能时代开启了序曲。信息技术颠覆了传统的知识承载和传播手段，特别是移动互联、云计算、大数据的逐渐普及，使人类进入了屏幕时代。教育资源、学习环境、学习方式都在发生深刻的变革，虚拟社群组织、数据挖掘分析等技术对教育治理提出了更高要求，这一切都昭示"互联网＋教育"时代的到来。而人工智能更是直接让机器拥有学习能力，从而替代人类去完成比较复杂的工作，这个过程把人类从劳动中解放出来，颠覆了以传承知识为核心的学校2.0时代。信息技术与教育教学的不断融合发展，不仅提高了教育质量，降低教育成本，还让规模化与个性化的和谐统一变成了可能。学习内容正在发生根本性的变化，教育也正在从"教"转变成由学习者主导的"学"，学习的价值更是从学会技能向学会创造转变。

本书主要对智能时代下高等职业教育转型相关内容展开研究，通过对理论以及实践层面的深入探究，为我国高职教育发展提供一定参考。

目　　录

第一章　智能时代教育大数据的发展 …………………………… 01

第一节　教育大数据的发展趋势 …………………………… 02

第二节　教育大数据的机遇挑战 …………………………… 12

第三节　关于教育大数据的建议 …………………………… 29

第二章　智能时代高等职业教育转型发展支持要素 ……… 33

第一节　课程分包将成为常态 ……………………………… 33

第二节　教学流程再造：多样化与适应性 ………………… 41

第三节　主动性学习 ………………………………………… 56

第四节　教师在新时代中的挑战 …………………………… 57

第五节　知识私有化时代到来 ……………………………… 68

第三章　智能时代高等职业教育转型发展新思考 ………… 71

第一节　基于内涵发展的高水平高职院校建设 …………… 71

第二节　人工智能背景下如何建设世界一流职业院校 …… 79

第三节　从示范到优质：我国高职院校发展模式的反思与前瞻 … 97

第四节　高水平高职院校建设内涵解析 …………………… 107

第五节　新时代优质高职院校建设与发展思考……………………122

第六节　创新发展，智造梦想挺起工业脊梁…………………………132

第七节　高职院校创新创业教育模式的构建与实践…………………137

第八节　高等职业院校差异化定位：技术论的视角…………………149

第四章　推动教育治理的现代化……………………………………168

第一节　治理理念：从管理到服务……………………………………168

第二节　治理依据：从基于经验走向基于数据………………………171

第三节　治理体系：从垂直分工走向扁平化、网络化………………173

第四节　治理过程：从"静态"走向"动态"………………………175

第五章　智能时代高校教师教学能力提升策略的研究……………178

第一节　智能时代高校教师教学能力提升策略的形成………………178

第二节　智能时代高校教师教学能力提升策略分析…………………186

第三节　智能时代高校教师教学能力提升策略的探索………………190

第四节　智能时代高校教师教学能力提升策略的实现方法…………202

参考文献……………………………………………………………………212

第一章 智能时代教育大数据的发展

《教育信息化"十三五"规划》提出:"信息化已成为国家战略,教育信息化正迎来重大历史发展机遇",应"积极利用云计算、大数据等新技术",以"提升信息化服务教育教学与管理的能力"。目前,教育大数据的收集、研究和技术应用主要基于MOOC的平台建设、学生电子教务系统与新生信息采集等平台开展。常用的教育数据分析模型包括决策支持模型、校情监测模型、适应性学习模型、学业评价模型、学习预警模型、深度学习行为诊断模型以及学生画像模型。上述系统和模型已日益成熟,相关从业人员也根据成功的应用经验积累了大量即时与过程性数据,但总体而言,教育大数据研究与实践仍处于起步探索阶段,补足现存的短板，将数据的规模之大进一步转化为意义之大，既是教育大数据的机遇，又是必须应对的挑战。

第一节 教育大数据的发展趋势

随着人工智能、云计算、物联网等周边技术的发展与广泛应用，教育信息化呈现出智能化、泛在化、个性化、开放化、协同化的趋势，教育大数据的规模、技术及产业已出现爆发式的增长。

一、多元且内聚的教育数据采集

20世纪80年代，专家系统（Expert System）在物理等学科教育的应用研究中产生了大量较为成熟的成果，这类系统的组成包括领域知识库和规则推断引擎，通过特定语法的查询语句，可完成信息检索和智能问答的工作。随着知识图谱和语义网研究及实践的深入，利用分散在各学科领域和教育机构的成果和知识库等数据，形成更大规模、更高质量的多元教育领域知识库和数据仓库已经势在必行。

目前仍未出现成熟的教育知识图谱产品，但已有学者进行了这方面的应用研究，这类工作主要基于已有的公共知识库扩展，并将其应用于学习路径和教学路径的生成。Martínez等人使用了基于维基百科建构的知识库，借助知识概念间的语义相似度辅助序列化学习路径的生成；Ramírez-Noriega等人基于维基百科的面向对象程序设计概念，生成了学习路径，结果与人类教师的设计类似；Kaya等人以K-12的认知技能知识库CogSkillNet为学习路径推荐的依据，建构了用于K8教育的在线学习环境。

实验和研究数据仅占教育大数据中的一小部分，数据的主体是现实中各类系统运行和教学过程所采集的即时和过程性数据，这些数据的集合可用于教育发展，并创造巨大潜在价值。目前，有4种流行且通用的教育大数据的采集技术，包括物联感知类技术、视频录制类技术、图像识别类技术以及平台采集类技术。用于教育大数据采集的新技术有眼球追踪、脑波采集和机器人辅助体感等技术，它们往往被用于实现学生的注意力、情绪和认知过程的研究和建模。

整合多元的教育数据极具挑战性。教育大数据领域暂无统一的数据表示格式和数据分享标准，这一现状制约了教育知识图谱和知识库的整合与重组工作。一方面，基于语义网技术的轻型本体工程方法成了研究热点，但这类成果多用于语义检索，难以表达概念间的抽象联系，其自动化生成的质量也不符合教育信息系统的标准和使用需求，部分学者认为它们暂时难以胜任实际任务；另一方面，传统重型本体工程已被用于生成课程计划等实际教学任务，但它有理解门槛高、难以自动化的弊病，学者仍然在试图克服这些问题。

得益于数据分享平台的进展，在教育数据仓储方面已出现部分代表性成果，例如哈佛大学定量社会科学研究所建设的开源平台Dataverse，该平台制定了数据开放获取的标准性流程，现已被北京大学、复旦大学等国内高校二次开发并采用。

由于数据采集、处理、流通、仓储的基础设施已无资源瓶颈，且教育科研机构拥有数据分析、扩大区域和国际影响力、进行科研资助等决策的客观需求，正规学校教育过程中将有越来越多的数据被采集、分析、共享和应用，教育大数据的开放程度也势必会进一步提升，其多元和内聚的趋势也将延续和扩大。

二、多样且精细的教育数据挖掘

直至21世纪初，AI技术在教育中的应用仍主要基于传统的规则和符号方式，此类工作依赖于领域专家人工编写的结构性数据，在较小的学科领域内可发挥良好效果。2012年，深度学习神经网络在计算机视觉领域获得突破，新一代 AI 进入公众视野。2017 年，国务院提出要大力发展基于新一代人工智能的智能教育。基于机器学习的新一代 AI 正在被更多地应用到教育大数据的建模和数据挖掘中。

受惠于 AI 技术的进步，教育大数据领域逐步发展出承载和处理多样数据的能力，从目前的文本、数值型数据拓展为多媒体数据。目前，基于 AI 的教育多媒体信息处理已出现少量代表性成果。例如，MOOC 系统中存在大量的课堂录像，Lee 等人通过图像处理和聚类技术，提取视频中的板书图像，该技术可以自动补全被教师遮挡的部分板书，并且可以自适应视频的照明条件，完成部分课堂笔记和摘要的工作。在医疗教育方面，桥本等人利用支持向量机、隐马尔可夫模型和神经网络等机器学习 AI 技术对医疗手术的过程录像进行摘要和总结，并将结果用于课堂教学，节省了大量人工识别和剪辑的时间。在特殊教育方面，马科等人使用神经网络识别乐谱，克服了识别模糊乐谱符号的难点，并制作了一个可触、可感的交互界面，丰富了盲人学生的音乐学习材料。在数据类型多样化的同时，教育大数据也变得更为精细，其时空关系也将从间断、割裂过渡为连续、统一。通过对学习过程全方位的建模，大数据将辅助基于 AI 的预测模型提升精度，并有望替代领域专家的工作。

三、丰富且开放的教育教学应用场景

教育大数据技术已涉及 K-12 教育、高等教育、职业教育等多个领域，在这些领域中，它的典型应用有自适应学习信息系统、在线视频课程、考试测评和学业预警等。未来，教育大数据将拓展更广泛的应用类型，例如 CSCL 合作平台、虚拟实验室和科学实验、自适应教育游戏、自适应学习与考试评估、辅助教学、智能答疑、课外活动与智能课堂等，在场景更丰富的同时，教育大数据也将以开放的姿态面向更多受众和更广阔的公共空间。

怀斯等人将大数据技术列入了 CSCL 的首要发展方向。迈凯轮等人基于学生的历史数据，使用数据挖掘技术训练了分类器模型，该方案可实时提取和向教师推送学生在 CSCL 合作平台上有价值的互动信息，并自动评价每个学生在讨论中的贡献。波特拉斯等人基于学生在 BioWorld 虚拟诊断系统中的日志追踪数据，使用子群发现技术检测学生在诊断过程中的概念错误。数据挖掘可辅助计算机程序的代码质量评估，尽管这类技术未被大量引入教育领域，但已被有限地应用于编程训练，其算法模型通常嵌入在线教学环境或集成开发环境（Integrated Development Environment，IDE）。贾田等人使用模糊逻辑技术实现了一个基于 Eclipse IDE 的代码自动评价插件，除了评价运行结果外，该系统还可以提供代码错误修正的建议。上野等人基于 IRT 理论在编程过程中对学生做出提示，该方法可实时评估学生的认知水平，从而动态决定提示的强度。弗拉托等人通过对物理虚拟实验室中的学生进行建模，实现了学生学习效果的评价和学生的聚类。林恩等人则通过挖掘用户在教育游戏中的行为，使用决策树生成个性化的学习路径。贝洛蒂等人根据用户的技能水平，通过增强学习等技术实现了游戏难度的动态调整，增强了学习者的教育游戏体验。

机器考试系统已趋向成熟，但仍然存在进一步自动化的空间。教育大数据技术可优化系统的试卷生成逻辑，例如，威斯特对现有的学习材料和试题难度评估算法进行了评价和对比，察科斯等人基于自然语言处理技术检测了考试环境中试题相互冲突的问题。对主观题或文章的自动判分是考试测评领域的新热点，尽管有学者质疑内容空洞的文章容易得到高分，并给出了挑战自动判分系统的实例,但自动打分系统的表现已经趋于稳定,甚至偶尔和人类专家得出一样的评分结果。

在辅助教学方面,蔡赛等人挖掘了工科学生阅读和翻译英语文献过程中常见错误模式。魏巍等人基于神经网络开发了一款汉语智能语音教学 App,通过对多个学生的历史数据建模,它能够自动诊断学生发音中的偏误,并给出正音的引导信息,帮助学生不受时空限制地完成自主发音学习。

智能答疑系统是 AI 领域的一个重要分支,研究涉及问题理解、对话管理、对话生成和对话评测 4 个环节,它可以为智能教学系统提供交互和功能的支持。教育大数据技术在该系统中的应用包括知识库和语料库,涉及全部 4 个环节,是智能答疑系统的支撑性技术。家庭助教是基于机器学习的智能答疑系统在计算机教学中的应用实例,威金斯等人通过分析具有不同自我效能的学生对家庭助教的使用结果,发现系统对全部的学生均有效,然而,在引导低自我效能学生的同时,它也会引入沮丧情绪。将智能答疑系统进一步人性化、个性化将是一大挑战。

延恩等人通过研究引入社交网络分析和路径生成算法,开发了支持课外活动的移动 App,通过计算和推荐最短路径使访问课外活动所需的资源更便捷。智能课堂是学习空间建构的重要课题，基姆等人通过传感器和智能设备，提出了一种可感知学生情感的AI教室，该教室通过追踪学生的行为、手势、眼球移动等变化，可对学习的全过程进行建模、分析和预测，有助于形成师生高效互动的课堂。

目前，教育大数据技术已经进入了更广阔的领域，结合脑波传感器、运动传感器、虚拟现实等技术，可以进行企业训练和军事训练，并实现训练设备、环境的参数调整和效果评估。为了适应不同的应用场景和领域，深入探求定量数据相关性背后的因果性，教育大数据的研究方法也将呈现多样化的趋势。定性定量数据的整合评估将回答更多的教育领域研究问题，涉及游戏和VR对学习效果的影响、教师教育、CSCL和学习风格等主题。

四、完善且蓬勃的教育大数据产业生态

教育大数据整体应用层次偏浅，创新应用的广度和深度有待进一步拓展，以形成更多具有示范意义的案例。基础教育领域已出现一些大数据创新应用案例，可归纳为五大应用模式：驱动教育政策科学化、驱动教育评价体系重构、推动区域教育均衡发展、

助推学校教育质量提升以及促进师生个性化发展。

　　教育大数据行业的产业和人才将进一步完善，目前，我国高校已组建成立了多个针对高校领域开展大数据"产、学、研、用"活动的社会公益组织，这类组织建设的线上开放平台包含人才市场、学科竞赛、数据开放和教育培训等信息和功能。

　　在商业系统和教育机构的应用方面，教育大数据扮演了重要的支撑角色，例如国内外主流的MOOC平台（Coursera、MOOC中国）以及Blackboard等主流学习管理系统（LMS）均已使用教育大数据技术提供个性化学习支持；Grammarly等产品基于文献写作的大数据训练检测模型，实现了语法检测和英文写作打分，辅助科研论文和学习报告的写作；美国伯克利大学开发的选课系统已实现对高维课程模型的降维和可视化，可形成支持学生选课的课程图谱。

五、前沿技术助力2035教育大数据

　　中共中央、国务院印发的《中国教育现代化2035》（以下简称"《2035》"）提出了十个教育现代化的战略任务，其中包括"加快信息化时代教育变革，利用现代技术加快推动人才培养模

式改革，实现规模化教育与个性化培养的有机结合"。《2035》指出，需要"建设智能化校园，统筹建设一体化智能化教学、管理与服务平台"。目前，教育大数据仍是一座沉睡的金矿，而 AI 则是发掘大数据价值和创新效应的最佳途径。它已在教学辅助、学习过程、学习分析和教育决策等多个领域为校园的智能化提供全方位、全天候的支持。如果将 AI 和大数据比喻为数据分析和建模的一轴，云计算和物联网技术则是扩展其应用场景的两翼。云计算技术提供了算力和数据仓储基础设施的支持，物联网技术增强了计算和数据采集的即时性和普适性，它们使教育大数据走出屏幕，进入真实的课堂、校园甚至课余生活和课外活动。

《2035》还提出另一战略目标，即"构建服务全民的终身学习体系，健全国家学分银行制度和学习成果认证制度"。区块链技术可用于建构学分银行和成果认证平台的可信基础设施，其构想源于金融领域的数字货币，是一种把区块以链的方式组合在一起的数据结构。区块链去中心、可追溯及高可信的特点适合用于数字学位证书和学分的发放。目前，该研究方向已形成可应用的成果，并被美国麻省理工学院等教育机构采用。通过记录学生的正式及非正式学习活动、建立可追溯的学习过程，区块链可形成个体学信大数据，这类数据可显著提升教育大数据的可靠性。教育大数据和区块链的其他交叉应用仍然处在设想阶段，例如活用当前的知识库和电子资源，依托区块链建立可信的智能化教育电子商务平台等。

在前沿信息技术的助力下，教育大数据将逐步实现《2035》提出的相关战略目标，并与前沿技术实现更深入的融合，呈现以下发展趋势：①教育大数据将引领教学、学习和评价方式的变革，使其进一步去中心化、个性化；②数据采集和反馈将更为实时、全面、可信；③教育大数据的应用将更多地走入前台，它将提供全程、全场景、全天候的教学辅助和决策参考，协助职业发展和终身学习。

第二节　教育大数据的机遇挑战

数据挖掘是教育大数据的关键技术，在教育大数据领域的视域下，技术的问题会进一步反映为实践和现实难题。

教育数据挖掘的优点：①巨大的数据体量和不断提升的实验结果精确度；②使用成熟的算法；③多种可视化方式支持学生、

教师；④更精确的用户模型以实现系统的自适应和个性化；⑤揭示学习行为和过程的特征和重要时间点；⑥洞察学习战略和行为。

教育数据挖掘的机遇：①使用具有标准数据格式和兼容性好的开放知识图谱；②在大规模智能自动化系统中的自我反思、自我意识、自主学习；③使用跨系统的数据以辅助决策；④提出接受模型，例如用户认可的实用性、对目标的期待程度、用户认可的趣味性、信任度等。

教育数据挖掘的缺点：①对实验结果意义的人为误判——侧重报告而非决策；②数据源过多，没有统一的数据表示语法——数据表问题；③多为定量研究结果，定性研究尚未提供显著的结果；④信息过载——系统复杂；⑤不确定性，只有技能熟练的教师才能正确地解释数据。

教育数据挖掘的挑战：①伦理问题——数据隐私；②过度分析，分析的深度过大使得结果缺乏一般性；③模式识别错误；④可信度，实现过程中的矛盾结论。

本章根据领域的最新进展，将教育大数据在近期有望解决的问题和产生实质进展的研究内容视为机遇：①分析技术的再突破；②深度挖掘数据改善教育实践；③破解教育教学发展难题。

教育大数据发展的挑战，即近期难以突破或争论已久的重大问题包括：①数据开放和知识表示问题；②信息安全和个人隐私保护问题；③算法偏见和道德伦理问题；④研究方法和应用模式问题。

一、教育大数据发展的机遇

（一）分析技术的再突破

一方面，中国基础教育领域存在真正的大数据，一年产生的数据量已达到 EB 级别；另一方面，教育领域的大数据不存在清晰的、固定的分析流程和分析方法，既要综合运用传统的数据分析方法与工具，又要合理采用专门针对大数据处理的新方法与新工具。分析技术的再突破可以显著提升教育大数据的创新应用效能。目前，成熟分析技术已经普遍被用于教育大数据中，但适合教育领域特点的分析技术研究仍然有待深入，教育数据及模型的质量仍存在较大的提升空间。在实践中，问题具体表现为数据特征提取不够精细、数据来源单一、多主体的建模较少、应用领域及范围较小、过于侧重定量和相关性分析等问题。分析技术的突破方式和所涉及的学科和领域密切相关，本书以教育大数据的一个典型应用——在线学习系统为例，描述分析技术突破的潜在机遇。

学习路径生成和材料推荐是解决 MOOC 等在线教学系统中知识迷失问题的主要方法。目前，这类功能依据三类信息，即学习材料间的语义联系、学习者的水平和学习风格及认知关系，基于以上信息的混合式推荐方式获得了良好的效果，但仍有进一步优化和细化的空间。

冷启动问题是系统投入使用初期或用户新注册时推荐系统数据不足的问题，从学习者本身出发的推荐和引导无法避免这类问题。为了缓解冷启动问题，现有的在线学习系统通常根据学习材料间的语义联系进行推荐，以积累早期数据，但语义联系不足描述认知关系和抽象的概念联系（例如知识理解的先后顺序）。补足这一缺陷可以提升改进初期的使用体验，常用的方法通常需要引入一个前期测试，这涉及对学习者进行知识水平或学习风格的测评。对学习者水平以及对学习风格的量化估计缺乏成熟理论的支撑，对学习材料难度的估计往往基于在线测评系统的算法，这些方式的效度仍然有待深入评估。

学习材料间的认知关系、顺序可通过知识图谱确定，但目前教育知识图谱的技术仍不成熟，该领域仍需大量的精力投入。现存教育领域的知识图谱大多由手工录入，相关应用的成果有土耳其语的 K8 认知技能知识库 CogSkillNet 等。知识图谱的建构方式已出现了自动化的手段，相关工作普遍基于公共的知识库或知识图谱（例如 Word Net 或基于维基百科生成的知识图谱）挖掘认知关系，进而确定需要推荐的学习材料。最大限度地利用公共资源，结合教育的属性，形成可靠的开源教育知识图谱，是教育大数据的一大机遇。但基于 Web 语义方式建构的知识图谱质量较低、实用性较差，如何解决知识表示和数据开放的问题，也是机遇中蕴含的挑战。

（二）深度挖掘数据改善教育实践

大数据并非仅仅基于单一性的实验或研究数据，而是采集了复杂和多样的现实世界机器、传感器的运行数据，对于后者，可以使用和传统方法不同的角度和统计方式，发掘数据内部隐藏的模式。Rachael 等人认为，教育数据挖掘需要探索结合领域数据的建模和聚类方式，例如，将医疗系统和教育教学过程中的数据结合的方式，具备颠覆循证医学实践的潜能。Papamitsiou 等人认为，学习者行为分析的过程涉及学习科学、心理学、教育学和计算机科学，通过分析和跟踪单一或多个操作，算法可识别出特定的模式，并凭此做出教育决策，然而，对学习者行为的理解和解构仍然不够充分。Li等人在对学生毕业设计的大数据分析研究中提到，经过近两年的教育实践和研究，发现大数据分析的方法不仅可行，而且可以引导之后的教学实践。然而，在应用过程中仍然发现一些进步空间，例如，需要更深入地挖掘阶段性的质量标准、更合理地分配学生的权限和职责、及时发现学生拖延的迹象和解决方式等。通过更好地理解过程和即时性数据在教育学背景下的意义，对数据进行更深入的挖掘，改善研究和决策方式，进一步改善教育实践。

人机交互中存在屏幕的障壁，大数据服务的运行过程中，用户界面和后端自动化分析平台在技术上也并非完全耦合。大数据的应用和模型应从后台更多转向前台，完善支持前台交互的后台功能，通过可视化和透明的决策、进入教室和其他学习空间等手段，缓解用户的疑惑和疏离感。目前，大量的工作都聚焦于后端平台及屏幕内部内容的建设，这些平台的运行机理对用户不可见，或难以直观感知。欧盟的政策研究人员在关于《AI对教育的影响》的报告提到，AI不能脱离用户界面而存在（no AI without UI），并提倡将交互功能延伸到屏幕外的用户行为、历史数据和其他网络平台，使其更即时和全面，这一结论也适用于教育大数据；Lai等人开展了关于学生和教师对移动学习偏好的研究，发现两者主要的区别是：教师更倾向于关注技术性问题，而学生更关心学习内容的丰富性和实用性。目前，以MOOC为代表的信息平台建设已经取得进展，对学生自主学习的支持，可以依托这类平台，更多地关注前台和人机交互的课题，探索对学生更友好的交互模式。

学生在自主学习的过程中需要更多的支持，而教育大数据可以为学生提供恰当的分析数据及学习引导。Schumacher等人通过对学习统计面板的分析，提出学生希望获得学习分析的数据，以支持他们拟定学习计划、组织自评、获取适应性推荐的材料。目前，学习引导的研究已逐渐从基于学习路径、学习风格的个性化，进化为认知过程、解题路径的个性化，后者的研究主要集中在计算机编程的自动提示领域。随着深度学习对符号推理问题解决和探究的深入，可能出现更多STEM学科问题的自动化解题路径和解题框架推断方式。

（三）破解教育教学发展难题

通过使用数据分析技术改善教育实践，教育大数据能够破解传统教育面临的六大难题，即发展不均衡、方式单调化、信息隐形化、决策粗放化、择校感性化和就业盲目化难题。因此，教育大数据是重要的国家战略资产、教育领域综合改革的科学力量以及发展智慧教育的基石。

2009年，Choi等人的研究提出，在教师持续以一种方式教学的前提下，学习风格的差异仅在初期对学生的学习方法和效率造成影响，但后期渐渐趋向一致，该研究以此得出结论：为了适应各类学生的学习风格，教育机构和教师往往投入大量人力、物力，这些努力有很大部分可能白费，出于效率的考虑，不如让学生主动适应学习环境。大量科研论文和效度分析的工作报告显示，智能教学系统对学生的学习产生了正面效果，这类系统大量运用了基于大数据的自适应学习技术。以学习材料推荐和学习路径挖掘为代表的AI技术，给予了教育机构提高效率、降低成本从而适应多样化学习风格的机会，其影响也值得进一步分析。随着智能信息系统和在线视频课堂的进一步推广，发展不均衡、方式单调化的问题已在一定程度上趋向缓解。然而，信息隐形化、决策粗放化、择校感性化和就业盲目化的难题仍然有待解决，其中，择校感性化和就业盲目化是信息不畅和决策困难的体现，信息处理及决策的问题也构成了教育大数据发展的挑战。

二、教育大数据发展的挑战

如表2-1，《中国基础教育大数据发展蓝皮书（2015版）》调查了教育大数据管理难题，并绘制了统计图表。除了管理难题外，本书扩展了信息处理的难题，并将挑战总结为如下四点。

表2-1 教育大数据管理难题

管理难题	同意人数占比（%）	同意的人数（人次）
A.安全与隐私保护难	61.56	466
B.落地案例少，应用推广难	70.94	537
C.数据融通共享难	63.80	483
D.数据质量难以保障	58.52	443
E.数据运营模式不清晰	48.75	369
F.数据化意识薄弱	52.58	398
G.数据人才缺乏	52.84	400

注：表中数据来自《中国基础教育大数据发展蓝皮书(2015版)》。

（一）数据开放和知识表示问题

Daniel提出，即便有数据开放的意愿，各机构和领域间的知识整合仍然困难。在高等教育机构中，数据的总量在持续增长，但它们多以不统一的数据格式分散存放在桌面系统和行政学院里，难以获取和整合。尽管有形如 Dataverse 的数据开放基础设施的建设和应用，它们也无法动态收集个人终端的数据，更难以整合分析平台中不同类型的数据。为了将数据的创新应用效能最大限度地发挥，发展跨数据种类、存储终端、机构甚至跨国、跨语言的数据整合能力，并建立数据仓储，是教育大数据急迫的核心需求。目前，数据仓储建立的难题主要有：知识表示的方式仍然不统一，整合困难，尽管整合方式的研究持续进展，但缺陷仍然较为明显、离大规模运用有一定距离；在打通数据壁垒的同时，难以合理及有目的地收集数据。

本节介绍其他早期和前沿的成果。在知识表示方面，跨语言问题使得众多知识库成果无法实现成果互通，多语言实体对齐技术可整合多个不同语种的知识库，以解决这一问题。知识推理依赖于知识表示，它可应用于知识的检索和发现。目前，用于知识发现的推荐技术由电子商务的协同过滤推荐系统发展而来，尽管教育领域的协同过滤研究在一定程度上适应了学习材料访问的序列化特点，但推荐的材料难以契合认知规律，运用自动知识推理可改善这一问题。例如，Google Deep Mind 实现了一个用于初等数学题的自动推理系统，并发布了训练推理模型的数学解题数据集和成果分析。教育大数据的模型往往是多维且复杂的，伯克利大学开发的选课系统通过对高维课程模型的降维和可视化，实现了决策的透明化，其课程图谱可显示出不同专业学生的选课偏好。对于知识表示的问题，用于传统信息检索的建模方式不完全适用于教育大数据，解决这一问题需要来自多个领域的智慧。

教育数据网络的构建是发展基础教育大数据的基础性工作，国家、区域、学校教育数据网络的构建方法不同，发展重点不同。数据仓储需要从数据网络中采集数据，数据整合问题不仅涉及知识表示的技术困难，而且需要行政管理的辅助、依赖法律法规的完善。Daniel认为，尽管数据整合的困难大、成本高，但通过整合多源的数据并形成数据仓储，可有效地解锁大数据价值、提高预测模型的精确度，有计划的数据整合也可防止教育决策过程中额外的时间和资源浪费。Dringus等人建议，应该进一步提高组织的透明度，明确教育大数据需要达成的具体目标，来筛选需要收集和整合的数据，以此克服数据收集低效的问题。另外，决策人员需要通过制定合理的行政法规，保证数据仓储数据的时效性和准确性。

（二）信息安全和隐私保护问题

Eynon 指出，大数据带来了伦理、隐私、知情同意权利和伤害保护等一系列问题，其中，哪些数据出于何种目的应被分析和整合，成为广泛争论的焦点。在大数据时代，大量数据的集中存储带来的信息安全、数据滥用和个人隐私保护等问题变得更为突出，几乎涉及大数据相关的所有行业。

Willis 等人认为教育数据访问的约束，必须先于数据的开放和分析使用实施。然而，法律法规的出台往往滞后于技术应用和行业发展，2018 年 5 月，欧盟的个人数据保护法《一般数据保护条例》（GDPR）正式生效，该条例严格禁止信息服务隐藏、默认地收集用户信息，并规定用户对个人数据掌握完全的访问权。同月，中国国家标准《信息安全技术　个人信息安全规范》颁布，尽管还未上升到立法层面，但它是目前中国个人信息保护制度中最完善的规范性文件。可以预见，保证数据收集过程的合法合规、提升算法和模型对稀疏或空缺数据的适应能力、预防逆向技术对匿名或被删数据的还原和破解，将成为教育大数据发展的新热点。

教育大数据带来的质疑，已经扩展到了对自适应学习意义本身的讨论。Couldry 等人以"解构数据化的美丽新世界"为题，提出自适应学习的正面意义被过多讨论，但其造成的潜在不良后果被忽略。本书作者指出，自适应学习是教育大数据驱动的，大量研究认为它和数据化时代来临前的方式完全不同，并将其奉为一种更优越学习方式。社会缺乏基本工具以应对这种数据化带来的不良后果，它可能损害基本的公民权利，所以对数据化负面意义的讨论可能比发展自适应学习技术更为重要和紧迫。

（三）算法偏见和道德伦理问题

教育大数据产生于各种教育实践活动，核心数据源头是"人"和"物"。每个教育利益相关者既是教育数据的生产者，也是教育数据的消费者。教育大数据的本质决定了它与社会和伦理息息相关，它的普及会带来前所未见的道德伦理问题。

Ifenthaler等人认为，系统在交互过程中收集的碎片化数据无法完整地表达学生这一概念。Roberts-Mahoney等人对教育领域个性化数据的商业化产生了顾虑，他们认为，目前的个性化学习未将"有益学生发展"视为目标。与之相对，个性化学习将学生的个人特征转化为数据库拥有者和科技巨头的私有资产。在这种语境下，学生及其家庭是"消费者"，而学生及其数据是"教育产业"的"商品"。商品无法主张其权利，于是学生的公民权，在私人和公共领域的意义上，均有被抹杀的危险。在缺乏道德伦理考量的前提下，如果教育领域的个性化技术被用于商业市场的自由竞争，它带来的危害一定远胜于便利。

Eynon 认为，大数据可能威胁教育公平、以多种方式加重现存的不平等，提出了缓解这一问题的两种手段。首先，挑选用于做出决策的数据必须考虑数据对目标群体的普适性，不宜过于依赖线上来源，例如，基于社交网络、搜索引擎和网络日志的数据并未覆盖到足够多的人群。其次，有必要注意研究人员的来源背景，例如，受雇于商业公司的研究人员不宜访问一些非匿名的个人隐私数据。

除了上述问题外，算法偏见也在近期成了威胁社会公平的新问题。形成大数据预测模型的原始数据可能掺入主观因素，在模型训练的过程中，这种主观因素会被引入甚至扩大，以至于形成算法偏见。确定偏见存在和修正偏见的确切标准往往难以定义，算法偏见的隐匿性高、技术属性强。教育大数据具备多主体、多领域、多文化的复杂背景，需要有更多的精力投入到算法偏见的定性和定量分析中。Ifenthaler 等人认为，教育大数据分析也许可以洞察个人的学习历史和信息，但远未克服偏见，其可理解性和可用性也远未达到理想的水平。

（四）研究方法和应用模式问题

与其他领域大数据相比，教育大数据的独特性主要体现在三个方面：采集过程更加复杂、应用模式更具挑战性、更加注重因果关系。本节讨论研究方法和应用模式的问题。

Eynon 提到，教育大数据预测模型得出结论后，针对其后续手段的讨论很有限。目前教育大数据分析和挖掘已经可以识别退学或退出在线课程的风险、可以让学生像挑选电子商城的商品一样做出学习选择，甚至可以推测出学校和教师教学失败的部分理由，并且全程追踪学生在校内的学习过程。获得这些数据、得出这些结论的可能性是前所未有的，然而，它们后续的社会影响被忽略了，而这些问题恰恰是急需考虑、分析和回答的。例如，检测到学生可能退学时，教育机构是否应该提供经济或其他支持，还是告知他们退学的可能性并继续收取学费；如果全部的教育选择都基于推荐系统，学生的好奇心会不会被削弱；在什么情况下，学生可以真正匿名、独立地进行学习？正如 Eynon 所言，个性化学习在信息系统中的确有正面的促进和引导作用，但也有研究质疑推荐系统可能削弱学生自主学习和独立思考能力。Ashman 等人指出个性化学习是一把双刃剑，它对社会、伦理和学生发展的危害并未被充分讨论，随着这类技术的普及，危害可能已经悄然出现。

Bulgar 等人的研究表明，近年的研究中，教学过程的个性化、自适应、自动化和教学环境的响应性等词语的含义已经变得模糊，它们的含义存在区别、不应被混淆，这一现状揭示了大量的相关研究没有扎实的教育理论基础。Bartolomé 认为，部分研究人员不清楚他们所谓的个性化为什么、个性化对于谁是有用的，很多教育技术的研究并未试图引入教育学理论，这种以教育为目的，却避谈教育学理论的研究方法一定不会奏效。

一方面，个性化技术的应用模式尚未明确；另一方面，学生却急需这类技术以支持学习。Schumacher 提出，学生对教育大数据分析系统的功能，包括推荐和数据统计、预测功能抱有巨大的期待。为了迎合这些实际存在的需求，研究者在设计信息系统前，应该更多倾听学生的意见，提高系统的接受度和实用性。除了个性化技术外，在更广泛的研究领域，教育大数据也并非万能和普适的，否则将会得出没有意义或错误的结论。目前，对于一个教育问题是否适用于大数据分析，还没有统一的框架和确定方式，它对教育大数据的应用构成了挑战。

仅凭基于大数据得出的相关性结论也无法揭示因果性。当前对于教育大数据的研究，主要侧重于相关性的定量研究，因此无法形成具有说服力的导学、推荐、评价机制。通过定量研究揭示教育大数据内部因果性的主要难题在于：数据的维度多、复杂性高和存在隐性的混淆因子和偏倚变量。Schumacher等人指出，从学习科学的角度来看，教育大数据分析的重点应该是理解和支持学习过程，基于学习理论选取合适的数据特征，也是揭示因果性的可靠方式。通过定性分析结合定量数据解决这一难题、提高结论的可解释性，构成了教育大数据的一个主要研究方向。然而，Feufel等人提出，在医疗教育中，因为担心大数据预测模型的准确率而将其放弃，也是不可取的。尽管预测模型无法揭示因果性，但它们在一定程度上可以提供参考。与其顾虑误诊的可能性而将它们妖魔化，不如更多地将这类模型和算法应用到医疗领域中，从而提升其精度，更好地辅助决策。

第三节　关于教育大数据的建议

尽管面临着无法忽视且必须竭尽全力应对的重大挑战，大数据也给教育带来了重大机遇，因此我们的教育改革与发展不能放弃大数据，反而要引导学生和从业人员适应大数据时代。

Barr等人提出教育政策应大力推广和普及计算思维，它涉及STEAM教育中的每个环节，教育大数据中的数据采集和分析技能则是计算思维的两个主要概念。Du等人认为，对新技术的实践和推广也需要个性化，除了需要考虑与文化和教育体制的契合程度外，还要考虑计算机技能的熟练程度和个人空闲时间等因素，对技术的推行策略进行更详细的区分。Colpaert通过分析前几次的科技革命，总结出在技术演变中，教育领域中涉及的角色既有变化的部分，也有不变的部分。决策者、教师和学生等相关角色的人员需要灵活地适应变化。本书综合若干研究提出的观点，总结了面向教育大数据相关人员的建议。

（1）面向教育决策者的建议

①将科学的数据支撑作为必要条件，制定详细的管理规定、完善法律法规。

②出台基础大数据治理相关办法，出台促进教育大数据行业发展的相关政策，鼓励学习开发应用程序的初创企业，将发展教育大数据列入国家与地方教育信息化发展规划。

③加大宣传力度，提高社会公众对教育大数据的整体认知。

④成立基础教育大数据相关研究机构，成立提供专业教育数据质量与安全评估服务的第三方社会机构，保证知识库的数据质量。

（2）面向教育管理者的建议

①提升自身数据素养，积极利用教育数据实现标准化、精细化、智能化的教育管理。

②完善各级教育数据网络建设，以及教育数据的采集与更新机制。

③制定基础教育数据采集和质量管理标准及基础教育大数据应用指南。

④加强各级教育行政机构及各类教育机构的教育大数据人才队伍建设。

（3）面向教师的建议

①打破对知识的固有观念，重新思考对新的学习内容的态度，

充分意识到教育数据在促进学生综合素质发展及个性化成长方面的作用。

②培养基于学生学习数据改善教学决策的习惯，能与家长就学生的各项学习数据进行沟通交流，使用大数据促进学生的学习效率与质量。

③与研究人员一起探索大数据与学科教学深度融合的模式、方法与策略。

④注重培养学生的数据素养，主动帮助儿童和青少年适应大数据时代的挑战，提升数码素养和普及计算思维，掌握数据收集和分享的渠道和方法、理解计算程序的运作模式。

（4）面向学生的建议

①建立隐私保护意识。

②掌握数据分析工具的基本操作。

③养成积累和整理学习成果数据的良好习惯。

（5）面向行业从业者的建议

①与高校、中小学校、科研机构深度合作，形成具有自主知识产权的教育大数据技术、标准和规范。

②重点关注学习分析预警类产品、教育管理决策类产品、教

育教学评价类产品以及个性化服务类产品，避免盲目跟风，善用已有积累和优势，基于互联网思维打造极致化体验的教育大数据产品和服务。

③遵守相关法律法规，合理、有节制地采集数据，对符合条件的数据进行匿名化处理，向用户公开数据用途。

④研究人员应更多专注于涉及数据交互的界面以鼓励数据的流通。

⑤出版商应革新出版渠道和商业模式，选择合适的学习内容。

第二章 智能时代高等职业教育转型发展支持要素

第一节 课程分包将成为常态

以前的学习内容都是以教材为主,教师按照教材教、按照教材出考题,学生被动地接受教师灌输的知识,没有选择的余地。如今,多媒体教材打破了纸质教材的垄断,全球化资源让更多学生可以同时共享优质课程。学习内容的革命,是多样性和综合化取代单一性和简单化,学习从分科走向跨学科的主题式学习。

一、智能时代的教材:个性化的立体复合型教材

智能时代的教材是立体复合型的。人类传播知识的媒介在不断进化,从"口耳相传"到"白纸黑字"再到e-mail、电子书,

传播方式越来越多元，传播速度也越来越快。文字甚至不再是唯一的呈现形式，视频、音频、VR和AR都可以，一段晦涩难懂的文字可以转化成一段影片、一段动画，也可以是虚拟现实。知识传播媒介和呈现形式的进化极大地提高了人类的认知效率。然而，纸质教材仍然是当前教育内容的主要载体，我们很少看见教材随着科技的进步而进化。智能时代的教材，不仅内容不一样，呈现形式也不一样，教材不是凝固的，而是结合学生的学习风格、教学资源的富媒体，打开一本书，可能不仅是白纸黑字，还有多媒体，甚至配有不断更新的在线课程，教材整合了辅助学习的各类资源。根据学习者模型和学习风格，每个学生都能借助这样一套教材找到适合自己的学习轨道，学生学习的过程就是数据积累的过程，积少成多的数据又能用于分析学情和学习评价，提高教材使用效果。

牛津大学互联网研究所教授迈尔·舍恩伯格和大数据发展评论员肯尼思·库克耶合著的《与大数据同行》中说："数据改善学习有三大核心要素：反馈、个性化和概率预测。""在未来，学习绝不会是按照一本给定的教科书、一门科目或课程，以同样顺序和步调进行，而将是有数千种不同的组合方式。教师不再凭借主观判断选择教学书籍，大数据分析将指引他们选出最有效、支持进一步完善和私人订制的教材。"

MOOC（Massive Open Online Course）的出现，让"数千种不同的组合方式"成为现实，为教育改革和发展带来深刻的变革。

MOOC 的意思是"大规模开放在线课堂（课程）"，是远程教育的一种新模式。

MOOC 起源于开放教育资源运动和学习连接主义的思潮。它有两个显著特点：开放共享和可扩张性。开放共享是指 MOOC 参与者不只是在校的注册学生，也不收学费，让大家共享。可扩张性是指 MOOC 中的"大规模"课堂是针对不确定的参与者设计的，这与以往一小群学生对应一位教师的传统课堂完全不同。

上海地区的一些中学，在教学实践中，根据技术和教学形式的需要，结合学校现状，不断地开发自己的"私人订制"教材。

二、晋元高级中学实现网上分层走班

由于晋元中学实行分层走班的教学形式，同一学科面临 A、B、C 不同程度的课程要求，需要对现有的基础型教材进行重新组合，确定不同层次的课程标准，这对一所学校来讲难度极大。突破口在哪里？晋元中学的实践表明，借助信息技术，依靠网络环境，并基于学生的学习方式组织课程内容，是一条卓有成效的可行性办法。例如，对一些重要的知识点，"y=Asin（ωx+Φ）"或"函数的关系式的建立"等内容作为学习扩展的基点，借助于海量的丰富网络资源，引导学生上网进行资源性学习，并利用教师下载的网上共享课件进行实验性和研究性学习及借助计算机进行课后的再学习和协作式讨论。一方面，基本解决了不同层次的课堂内容等难题；另一方面，学生的学习方式在信息技术的使用过程中逐渐发生改变。这主要体现在A、B层学生对教师所提供的网上内容进行超前或滞后性的再学习，或对C层学生调整学习进度的重复性学习，以及同学间、师生间讨论形式的多样化所带来的利益驱动和使用技术学习的过程正是学习技术过程的特点，使大多数学生喜欢这种教学方式，更加信赖网络。学生学习行为和习惯正悄然地发生变化，学习观与评价观变化显著。同时使用软件、光盘进行认知学习，使学生对信息技术更加信任。这些变化因人而异，但一个共性结果是促进学生的个性发展。

与此同时，学校将思维导图工具和基于思维可视化原理的理念引入课程改革领域，充分发挥思维导图在学生自主选择、主动学习过程中，促进学生知识建构与综合决策整合、自主学习与灵活交互配合的功能作用，并将 MindManager 软件作为主要的可视化思维工具运用于教学中，进行"基于思维导图的教学模式"的构建。学校的教学改革实践为课程教学改革注入新的活力。

三、闵行二中运用"维基技术"构建知识网络系统

维基系统是一种多人协作的写作工具，属于一种人类知识网络系统。对这一技术的应用。闵行二中选择"Wiki 技术"作为学校信息技术应用于课堂教学与学习方式改革的技术支撑，其原因是在实际应用中其有诸多优点，具体表现为：简易性——输入格式简单，所见即所得的输入模式，容易上手，一学就会；开放性——每个人包括学生都可以随时贡献自己的知识，可以随时修改或创设新知识，资源建设不再是教师的专利；结构性——可以围绕某一主题构建知识体系，这种结构更有利于学生的学习；时效性——方便更新和修改，任何人都可以在原有的资源中随时进行修改，以满足知识的更新和流动；合作性——倡导共建共享，平等参与，一个知识体系的构建需要团队成员之间的协作，同时由于它的开放性，也需要每个成员具有较高的网络伦理道德水准；选择性——

立足于学生的学习构建主题性知识体系，因此可以满足学生个性化的学习需求，实现学习的自主性、选择性和精准性。

学校利用 Wiki 技术构建了一个知识管理系统，用于师生共同参与的校本学习资源和学习成果的建设与展示，成为全校师生知识分享和交流的平台。不是教师布置学生任务，而是激发师生共同创建。在碎片化学习和共同创建的引导下，每个词条就是一个完整的微主题学习资源，可以由文字、图片、视频、附件等共同组成，若干词条又构成一个大的学习主题。目前有15大类70个主题6200多个词条。这个系统又可分为三个小系统：一是"主题性学科知识体系"，内容涵盖三类课程，为日常教育教学提供服务；二是"微视频自主学习和辅导体系"，为学生自主学习提供微视频辅导课程；三是"学生自建微百科体系"，让学生学会围绕某一主题构建知识体系，以主题网站的形式呈现，提高学生构建知识体系的能力、创造性学习的能力及数字化学习的能力。

四、课程设计必然走向市场化

李明华教授运用新制度经济学的企业边界理论和信息经济学理论，创建了基于课程认证的课程市场与大学（内部课程供给）

的替代关系理论，预测课程市场的出现（2011）。恰巧，他的理论碰上了以 2012 年为元年的 MOOC 的异军突起，且在不断加速发展中。

李明华教授认为，MOOC 的兴起形成课程市场，挑战以大学为轴心的课程打包出售的学历学位市场。MOOC 除了公认的网络课程以外，还在发展内核教学模式（网络课程＋本地大学教授面对面深度参与教学）或混合模式。这种模式最受学生欢迎，最有发展潜力，奠定了 MOOC 进入主流高等教育市场的教学模式基础。MOOC 革命的真谛是形成进入高等教育学位市场的独立课程市场，形成课程层面的教育认证体系，将冲击中国的大学，迅速淘汰劣质课程，更新和提升课程，短期内对中国高等教育质量提升的作用远超多年的高等教育质量工程。

与 MOOC 对高等教育的未来发展趋势的理论判断相对应的是，在短短两年多时间里，MOOC 从诞生到获得迅速发展，并已经到了大规模运行阶段。MOOC 已成为世界教育发展最引人关注的领域。

虽然过去三年 MOOC 的发展并没有如理论预测的那么清晰，但趋势日益明显。在 MOOC 发展中最具里程碑意义的就是课程认证和大学学分认可。MOOC最主要的机构edX在2015年4月宣布建立"全球大学一年级学院",世界任何地方的学生选修edX MOOC课程达到规定标准都可以获得大学一年级学分。edX在2015年秋季率先与亚利桑那州立大学合作,由edX提供MOOC,亚利桑那州立大学认可学分。这是MOOC革命里程碑式的成就,证实李明华教授在数年前关于MOOC必然形成并进入大学课程学分市场的预测。了解这个过程很重要,因为MOOC对基础教育的影响也将是革命性的。

当MOOC在高等教育和终身学习领域中大显身手时,MOOC的各类变种在基础教育中也获得长足发展。有的是独立发展,有的是受到MOOC的影响,但不选用MOOC课程方式,而是选用微课程模式,如华东师范大学的慕课中心。其实,在基础教育领域中,今天微课程的异军突起是网络课程在其中的独立发展,本质上与MOOC无关。但是,MOOC以其革命的姿态冲击着高等教育,迅速获得社会的关注,使人们以MOOC在基础教育中发展的名义来推广微课程。由此,亦可见MOOC革命的巨大冲击力。

第二节 教学流程再造：多样化与适应性

一、翻转课堂

互联网极大地扩展了课堂的空间，使只能容纳几十人的教室扩展到世界任何地方；云空间极大地丰富了教学内容的展现方式，使以前像小卖部一样只能由营业员一件一件从货架上拿下商品供选择，变成在巨大的超市里随意挑选产品放入购物车中……在新技术和新理念的互相碰撞作用下，无论是传统的教学内容还是创新的教学内容，都以一种多元化的全新的方式展现在学生面前。翻转课堂是最具有典型性的。

翻转课堂的意思，是反其道而行之，把传统的学习流程颠倒过来。这一模式要求学生课前自主学习，通过观看教学视频预先学习，已经拥有一定的知识、概念和疑问，然后在课堂上与教师互动交流，请教师释疑解惑，极大提高教学效率和质量。简言之，翻转课堂由先教后学改变为先学后教，使学习者由被动学习变为主动学习。

翻转课堂最早的尝试发生于美国。2000 年，Maureen Lage、

Glenn Platt 和 Michael Treglia 在迈阿密大学讲授"经济学入门"时，采用翻转教学的形式。他们让学生在家里或实验室中，通过互联网和多媒体观看视频，上课时，把学生分成小组，由小组共同完成作业，这就是翻转课堂的雏形。正式提出"翻转课堂"理念及实践模式的是乔纳森·伯尔曼（Jon Bergmann）和亚伦·萨姆斯（Aaron Sams），当时为美国科罗拉多州"林地公园"高中的化学教师。2007年，他们把自己的讲课录成视频传到网上，帮助缺席的学生补课。他们发现这种模式效果不错，便进一步推广，受到学生的普遍欢迎，从此一发不可收，翻转课堂的模式和理念在美国迅速流行，迅速传遍世界。

后来，人们普遍认识到，技术是颠覆课堂教学流程的强大动力，如互联网、视频等先进的信息技术。翻转课堂模式的关键要素是教学视频，要求教师预先制作好上传到网上，学生在家里观看。如果学生还想了解更多相关内容，还可以在网上学习其他优质教学资源。

翻转课堂的技术需求远不只是教学视频的使用，随着该模式理论和实践的不断发展和深入，以及不断出现的新技术在教育领域中的广泛应用，翻转课堂成为新技术的实验场和展示魅力的舞台，而且对技术的要求越来越高，依赖程度也不断加强。国内学者认为，翻转课堂是把数字化校园的建设、信息技术的整合及新课程改革相融合的一次意义重大的大胆尝试。

翻转课堂在实践过程中，通常以平台的形式，整合相关的技术以支持教学。例如，网络学习类平台、教学资源类平台、移动学习类平台等。目前，国内出现的翻转课堂技术平台有以下几种常用模式。

1. 智慧学习平台

智慧学习平台是超越于传统网络学习系统的新一代网络学习平台。它是在互联网的基础上，叠加云计算、大数据、智能管理和自适应测验等新技术，针对学校教学中学习资源的开发、适应性学习、教学交互和学习评测等问题，通过教学资源的开发、智能推送、数据挖掘和学习评价反馈，让教学的全过程获得智能化的技术支持，达到互动式、个性化、适应性学习。该平台的设计，以现代分析工具和分析方法，挖掘、加工和分析在教学过程中产生的海量数据，使教学决策颠覆传统教学评价模型和方法，真正实现智慧学习的高度与理想。

2. 微课教学平台

微课教学平台即提供微课程的平台，但不只是提供微课程。它融合云计算、移动端（云+端）等技术，集"上课、辅导、教研与微课制作"于一体。通过电脑、手机、平板电脑等工具应用教学和管理微课，把特定的内容（如习题、知识点、重点、难点等）制作成电子化讲解，形成内容完整篇幅短小的微课。这些微课成为网络化教学的基础，主题突出、观看便捷、内容短小，由此可以灵活方便地针对学生的个体状况，围绕特定知识点或某一教学环节进行重点教学，达到个性化教学的目的。

3. 个性化网络空间

个性化网络空间，即在互联网上为学习者提供个性化、实名制的个人学习空间。用户可以根据需要，把零碎、分离但有利于学习的信息、工具、资源和服务聚集起来，快捷方便地使用和管理。同时，私人空间和别人的空间还可以互通、共享，学生可以在线与他人交流自己的学习经验和资源。其优势在于学习模式灵活多样、平台开放动态、学习内容鲜活丰富，有效地培养学生的积极性、主动性和创造性，这正是课堂教学所欠缺的。

4. 网络学习社区

网络学习社区是一种建立在新型网络学习平台上的生态式的学习环境，以网络通信技术、计算机信息处理技术和多媒体技术为骨架建设起来。社区的每一个成员都是平台的创造者、维护者和管理者，他们通过信息、资源的共享和思想、情感、经历的交流，互相促进、共同进步。

这种开放、跨时空、自由的网络虚拟生态环境，让不同的学习者和教师、专家等构成一个互动、协作的学习团体，成员之间不需要见面就能进行有效沟通，并具有团体所固有的生态共性，如相似的社区文化心理、生态式的社会关系等。

5. 云端智慧教室

云端智慧教室是传统智能教室的升级版。它依靠移动互联网、云计算、智能推送等新技术，颠覆性地改变和提升传统智能教室基于计算机和物联网技术的性能和空间，使多种终端设备实现无缝连接和智能化运用，打破传统教室教学的时空概念，建立起立体教学空间和课堂结构，实现教与学的革命。

6. 电子书包

电子书包是装载和共享数字化教育资源的个人电子终端设备，

如平板电脑。它又远远不只是一台平板电脑，在它的背后，是由云计算、网络服务、多媒体计算机等技术支撑的移动学习平台，也是数字化的互动、协作学习空间。电子书包容量大、携带方便、资源丰富、功能齐全，它使教育系统中的学校、家庭、社会等环节中的要素互动协同，使预习、上课、作业、辅导、评测等环节有机贯通，并把课前、课中、课后的全过程融为整体。教师和学生、学生与学生之间的交流和共享即时、有效且灵活多变，既可同步，又可异步。电子书包可以满足学生个性化学习需求。

二、快乐体验式学习

寓教于乐是快乐体验式学习的主旨。

古希腊哲学家亚里士多德的《诗学》一书蕴含寓教于乐的思想。古罗马诗人贺拉斯在其文艺理论专著《诗艺》中，提出诗应该使人快乐和有益，也应该对读者有所劝谕和帮助。

虽然同属于教育范畴，但贺拉斯所谓的"寓教于乐"毕竟是针对广义的教育而言，比贺拉斯约早500年出生的孔子则在狭义教育领域中明确提出"寓教于乐"的原则："知之者不如好之者，好之者不如乐之者。"对此，北宋哲学家、教育家、诗人和北宋理学的奠基者程颢阐释道:"学至于乐则成矣。笃信好学,知自得之为乐。好之者,如游他人园圃。乐之者,则已物尔。"

按照程颢的解释,孔子所说的乐,是果而不是因,是"学至于乐",必然还有一个痛苦的"学"的前提。我们所说的乐,则是"乐而好学",是先让学生"乐",然后"好学"。

到19世纪末,英国人怀特海更为清晰地阐明快乐对学习的重要性:"没有兴趣就没有智力的发展,兴趣是注意和理解的先决条件。""激发生命有机体朝着适合自己的方向发展,最自然的方式就是快乐。"(怀特海:《教育的目的》)

寓教于乐在当代和不远的未来最直接、最有效的方法就是快乐体验式学习。

(三)个性化混合式学习:学校服务将从"电影院形态"走向"超市形态"

混合式学习(Blended Leaning)模式是线上线下结合的,学生不仅要到学校接受课堂面授教学,还能在家里通过电脑、在地铁里或其他任何地方通过移动设备学习。这种模式既有传统教学的现场氛围和亲近感,又能以不断出现的新技术整合和管理学习过程的关键节点,使教与学的过程都达到最理想的效果。

混合式学习所体现的核心特征之一就是个性化。个性化教学对学生首先要有效激励，使其产生兴趣；其次定位准确，基于大数据的分析保证这一点；再次要目标可选；最后是路径有效。

当今学校所面临的深刻变革，是由学生对学习的差异化、个性化要求所促进的。首先，这种要求并不意味着淡化家庭的影响，相反更为尊重家庭的价值观，更为尊重人的自主选择和个体差异。其次，这种要求还将刺激学校既定的组织架构和规范制度的变革，接受更为丰富灵活的课程结构和教与学的组织形式。目前这些具有开拓意义的探索，将对学校教育的未来产生重要影响。未来主流的学习方式将是定制化、个性化、去标准化。学生自己制定课程和计划，教师的评价会具体化、细节化并考虑每位学生的个性，再也不会给学生排名次。学习活动不再是特定阶段的历程，而是伴随终身的教育超市，因需而定，随时服务。

（四）自适应学习

在互联网的学习环境中，以学习者为中心就是要让学生按照自己的需求，自主制订并执行个性化学习计划，选择合适的学习内容和策略，通过互动不断获得反馈，监控自己的学习过程，并且自我评估，根据评估结果调整下一步学习计划，从而得到优势最大化、个性发展的效果。

"自适应学习"与"个性化混合式学习"有相交的部分，也有不同之处。例如，从技术上对照，"自适应学习"技术是独立的、系统的且会逐渐趋于成熟的平台，它可以用"个性化混合式学习"所使用的技术和途径为平台服务；"个性化混合式学习"是任意使用现有的技术和平台，没有自成体系的平台和模型。两者将来会趋于融合还是各自发展，或一者普及而另一者消亡，还有待观察。

"自适应学习"的概念出现于20世纪80年代，由中国科学院心理研究所认知心理学家朱新明教授提出，开创教育界素质教育理念的先河。在其《人的自适应学习——示例学习的理论与实践》专著中，系统地阐述了学习者通过示例学习获取知识与技能的信息加工过程，率先提出自适应学习的"条件建构——优化理论"。2000年，朱新明等创建的"自适应学习的认知建模"获中国科学院自然科学二等奖。诺贝尔奖得主、认知科学和人工智能的创始人之一西蒙对这项研究成果非常重视，认为其"对认知心理学和学习理论作出了重要贡献"。西蒙积极向世界推广这一研究成果，先后向美国、日本、苏联及中国智能计算机高技术代表团等进行推介。

1993年，朱新明和西蒙合作撰写的《初中数学示例演练试验教材》出版，并在我国一些学校开展重点教学试验，逐步在21个省市的数百所学校展开。

（五）创客式学习形态

"创客"一词来源于英文单词"Maker"。创客即不以盈利为目标，只为热爱而投入，尽心竭力把各种各样新颖的创意转变为现实的人。创客的核心理念是"创新"，其发展脉络是从以个人通信到个人计算为基础，延伸到个人制造的社会技术，构建出一种以用户为中心、面向应用的融合模式，从创意、设计再到制造的完整的创新环境。

"创客"现象其实早已有之，但是这一理念的萌芽和提出，则是近些年的事。

2016年，在一项课题研究中，中国专家发现，他们从大量现象中筛选出来排名第一的发展趋势，与世界各国专家的研究成果在某领域中重合，就是"学生从消费者转变为创造者"。

人们普遍意识到，让学生自己动手的体验式学习，不仅有助于学生高效掌握知识，还使学生产生学习的兴趣和动力，并能自觉自然地学以致用。因此，很多学校开始探索一种新的教学途径，即发挥学生的能动性，把学生自创的内容、想法整合到教学中。中国专家把创客空间列为今后教育技术的重要发展趋势，认为这一趋势将长期影响并改变教育模式，并对其提供强有力的支持。

在工业化生产还不发达的时代和地区，人们根据自己生活所需，自主设计并制作用品，或改进他认为不合适的东西，以解决生活难题，提高生活质量。这些工作往往都是非常有创意的。

到了数字化时代，现在的学生得天独厚，甚至在还没有力气使用工具的时候，就能制造出各种产品。可以说，数字化所带来的变革，绝不仅是改变传统制造业，而是让产品制造者扩展为更多更广的人群，甚至可以使每一个普通人都成为创造者，形成一个规模庞大的产业。

例如，3D打印技术，能使学生方便地创造个性化物品。此外，过去仅为政府、科研机构和大公司服务的大型计算机等设备，现在已经为普通人所使用，学生可以在教室和家里的书桌上从事过去想都不敢想的世界一流的"DIY"设计。

《创造即学习》一书作者、非盈利教育技术组织（Generation YES）主席 Sylvia Libow Martinez 说："过去一些孤立的事情，现在已被广泛分享。""再加上新技术，让人们自己制造有实用性价值的物品成为可能。"

如前所述，智能时代的教育是高科技背景支持下的教育革命，学习方式变革与教学模式创新成为未来学校新的特征。未来，教学模式趋于多元化，翻转课堂、游戏化体验式学习、个性化混合式学习、自适应学习、创客式学习五种模式可能仅仅是未来教学模式的冰山一角，更多的教学模式将随着各项技术的日臻成熟而不断涌现，它们具有如下结构性特征：

（1）教材多媒化：利用多媒体，特别是超媒体技术，使教学内容的表示变成结构化、动态化、形象化。

（2）资源全球化：因特网已经成为全球最大的信息资源库，其中蕴藏丰富的教育资源，无论教育者和学习者都可方便地享用。

（3）教学个性化：利用人工智能技术构建的智能导师系统能够根据学生的不同特点和需求进行教学和提供帮助。

（4）学习自主化：利用信息技术支持自主学习成为必然发展趋势。事实上，超文本、超媒体之类的电子教材和网络学习资源已经为自主学习提供了便利的条件。

（5）任务合作化：当前国际教育的发展方向，就是要求学生通过合作方式完成学习任务。通过计算机进行的网上合作学习、合作的小组作业和计算机扮演同伴角色等形式，信息技术在支持合作学习方面起着重要的作用。

（6）环境虚拟化：教学活动可以在很大程度上脱离物理空间和时间的限制。现在已经涌现出一系列虚拟化的教育环境，包括虚拟教室、虚拟实验室、虚拟校园、虚拟学社、虚拟图书馆等，由此带来的必然是虚拟教育。

（7）管理自动化：计算机管理教学包括计算机化测试与评分、学习问题诊断、学习任务分配等功能。最近的发展趋向是在网络上建立电子学档（Learning Portfolio），利用电子学档可以支持教学评价的改革，实现面向学习过程的评价。

（8）系统开放化：系统开放化主要体现在内容开放、结构开放、功能开放三方面。内容开放是指通过超链接实现本地资源与远程资源无缝连接，内容空间可无限扩展和扩张；结构开放是指利用构件化技术，允许随时更新教育内容和扩充教育系统的能力；功能开放是提供全面的教育服务，能够支持按需学习、适时学习与弹性学习。

这八项结构性特征将为教育进一步松绑，学习或将变成一件快乐、轻松、主动的事。由于知识不再具有神秘性、私有性和不对称性——它们都在云空间里储藏着，谁都可以看到，所以学生的知识量往往不亚于教师，因兴趣的原因，某些方面的深度甚至超过教师。知识的权威性被打破，博学不再是教师的优势，教师是以其经验、智慧来引导学生的学习方向。未来的课堂将是学生与教师较量的"战场"——如果学生对某位教师不服，可以离开，选择其他教师。某种程度上学生与教师是平等的，平等交流，以理服人。学生可以给教师布置"作业"：请教师回去准备，在下一堂课上解答某个问题。因为，学生尽管可以通过各种手段和工具查阅到很多想要了解的知识，但是在知识大爆炸时代，获取知识不是大事，而如何分析、厘清、有效运用好知识则成为烦恼。这是学生难以做好的，他的经验和理念无法抽丝剥茧地理清思路，使这些知识简化为自己需要的，教师的责任主要是引导和启发。

除了教学模式外，学习方式也将发生改变。信息技术的迅速发展使新的学习方式不断涌现，如微型学习、移动学习、泛在学习、智慧学习等。信息技术的发展使自主学习成为数字化学习的重要发展方向,同时深度学习也备受关注。学习环境个性化和学习方式自主化的结合是学习需求和技术发展的必然。基于资源的自主学习和基于互动的协作学习备受学习者青睐。就课堂而言,协作学习包括课前协作学习任务设计、协作学习内容预习,课中协作分组、协作活动开展,课后协作反思,等等。资源和角色要素的结构化会对学习者的协作学习产生较大影响,能有效促进学习者合作技能的习得。微型学习特征被概括为:学习内容微型化、学习媒介设备迷你化及学习投入时间片段化。移动学习被称为下一代的学习方式,已获得广泛认可,这种新型的学习方式正在向泛在学习发展,为学习者提供无缝的动态学习体验。从数字学习、移动学习、泛在学习到智慧学习,学习的时空特性和状态已经发生根本性转变。研究重心由"技术"应用向"学习"本身倾斜。智能时代学习方法的特点是更加开放、融合和个性化,它所包含的内容为:

(1)传统课堂。

(2)数字化学习。

·基于电子白板的可视化交互式教学;

·对数字化学习。

（3）混合式与协作学习。

· 网络学习与面对面学习的混合；

· 个性化学习与协作学习的混合；

· 微课程与翻转课堂。

（4）深度学习（智慧学习）。

· 以学生为中心；

· 多样化高互动和体验学习。

智能时代的学生表现出前所未有的轻松与快乐，这是几千年来学习模式的颠覆，又是孔子时代师生关系某种程度的回归。

第三节　主动性学习

互联网、大数据等新技术使我们剥离了大多数知识学习的负担，但我们依然不堪重负，新技术的效能还远远没有开发出来。只有通过改变教育理念，进而改变教育的内在结构，新技术的效用才能得到充分发挥。

打破原有的教育习惯，使学生在需要学习时即去学，或想学时就去学，想留级或停止学习也是自由的，跳级也没有问题。成绩好的学生可以提前升级或毕业，只要愿意，几年时间就修完小学到高中学业，一年可以学完本科四年的学业。其效果是学生择业年龄大大提前，节约大量教育资源，缩短大批人成才的时间，而延长每个人工作和创造财富的时间，无异于延长了人类的寿命。

（二）改变知识的命运

乡野山村、工厂车间、酒吧咖啡馆等地，都可以学习。学习将会像空气一样，人人、时时、处处都可以进行。但是，学校的很多功能被转移、弱化甚至消失，而其保留下来的一些不可取代的功能则更为强化。学校仍然是学校，仍然是人们心目中的殿堂，甚至更为神圣。毕业后，可能一辈子都受益于学校的影响，一辈子怀念学校生活，并且有机会就会回到学校以获得心灵的安慰。

第四节　教师在新时代中的挑战

新技术无论具有怎样的颠覆性，其本身都不会创造教育奇迹。无论技术怎样发展，其使用功能和使用成效都取决于它的发明者和运用者——人。

作为身处急剧变革时期的人类教育领域中心的教育工作者，

必须正视时代的变化和进步，要站在学生的视角，以学生的目光审视教与学所面临的挑战，这样才能触及我们所处时代教育最核心的转变，探索教与学方式的全新理念，重构教学内容和教学方式，创造教育的新纪元。这些具有系统性、全面性和不可逆性的核心变化，往往会尖锐甚至残酷地触动教育者的心灵，让其内心深处产生振荡和剧变。

（一）重新定义教师专业发展

新技术取代和发展了很多教师的工作，如果不学会使用新工具、不接受使用新工具的新理念，这类教师会面临职业生涯的风险和挑战。

当今这个时代，教师所面临的挑战还有很多。他们必须以智慧和勇气来直面挑战。能够使用好新工具并非易事，教师要具备学习新技术的能力，但前提必须更新观念。

真正的学习，不仅涉及知识，还包含技能和动能（态度），并且还是三者的有机结合。例如，忽视对学生心态的认知，没有激发其学习的热情，知识就会像货物一样从教师的黑板到学生笔记之间机械地传递，知识的生命和灵魂绕开师生的大脑，成为没有意义的过客。

当今世界，网络早已打通了时间、空间的界限，甚至打破学习层次和等级壁垒，大大扩展了学习空间。在这一背景下成长的学生，走进教室时已经远不是一张白纸，他们拥有丰富而杂乱的知识和资源，而知识的广度还不及学生的教师面临巨大挑战。

教师不再是智者的身份，知识丰富的优势荡然无存，教师只能是一个向导，可被挖掘的新的竞争力之一是鉴别能力。教师要在纷繁复杂、良莠不齐的教学资源中，帮助学生甄别、挑选，引导他们如何发现并接受优质的知识。教师的角色由知识的"搬运工"，转化为学生心智成长的"营养师"。

技术为教师主动的革新提供了各种可能。上海市静安区教师进修学院附校、宝山区问题化学习研究所的教师等都开始用"同伴式学习"的方法，在自己讲授后，让学生分组互相教学，结果发现这种教学方法效果更好。上海市闸北八中开始使用"微讲座"（micro lecture）的方式，重组教学，把需要灌输的教学内容录成微讲座上网，课堂时间集中于讨论、实验、小组作业等。网络教学，使以前做梦都想不到的一些教学方式成为可能。

技术可以为勤于学习的教师提供更大的平台，也会使不思进取的教师倍感困惑。2007年以来，iTunesU 上的教学视频，被下载了7亿次之多。随着这类免费教学视频的不断增加，一些有效使用它们的优秀教师必将脱颖而出，影响全球的学生。上海市普陀区曹杨实验小学从诞生之日起就"要求"所有教师无一例外地拥抱新技术，从任务驱动开始，为教师设计了技术支持学与教方式改变的每一步台阶。在这样的共同学习中，甚至让原本已被认定为专业发展没有上升空间的教师找到了新的专业生命力。

这是一个被技术所改变的时代，包括改变教育者。教学资源、使用资源的工具和人都在发展，教师的概念也在被重新定义。技术的发展变化，既给教师增加生存难题和新的对手，又引起学生对未来的展望、学习方式等方面的变化，从核心深处引发教学过程的变革。其间，不知藏了多少机遇，等着有心的教师去发现。

（二）教师需要完成7个转身动作

在不远的将来，教师必须完成7个转身动作，重新设计自我，才不会落伍。

1. 主动拥抱新技术

现在的学生从小就习惯数字化环境的便利，教师大多数属于半路出家，对数字化工具有些无所适从，如果不主动学习、积极改变现状，不仅会被学生远远抛在身后，而且还会被时代淘汰。

2. 借助互联网终身学习

对现在的教师来说，"互联网+教育"意味着不与时俱进，就会真的"落伍"。作为传道授业解惑者的教师，只有始终保持学习的热情，才能接受新技术、新观念，才不会被淘汰。广东第二师范学院教授许锡良早在2014年就撰文指出，互联网时代教师最重要的能力就是学习能力。

随着互联网及相关技术的普及，对每位能够上网的人都是公平的，都能轻易获得网上海量的知识。对在互联网上"泡大"的学生如此，对教师也是如此。互联网不是教师进步的障碍，而是终身学习的好伙伴。

3. 拓宽与学生沟通的渠道

教师与学生之间的交流从来都不是顺畅的，既有心理因素，也有教育理念的困扰，更有技术障碍。在互联网时代如何与数字环境里的学生交流？四川大学文学与新闻学院谢谦教授认为："希望通过博客给学生提供生活的另一种可能性，传递积极、快乐、阳光的生活理念，让它成为课堂的延续。"

互联网对沟通的意义，不仅是远程传授和资源共享，最重要的是突破时间与空间的局限，让师生之间、生生之间全方位互动交流。教师与学生同处一个虚拟平台或社区，天然地拉近了距离，即使远隔千山万水，也比课堂里讲台与课桌之间距离近。教师和每位学生可以更紧密、更全面地互动交流，更容易了解每位学生的个性需求。

北京顺义区牛栏山第一中学社交化网络平台，构建了亭、台、室等虚拟空间，拥有答疑解惑、自主学习、浏览资源等功能。学生、教师、家长、管理员等角色均以学习为中心，通过社交模式交流沟通，依据数字资源谈论互动话题，打造了一个综合各利益相关方共享的互动生态系统。此外，平台还拥有积分、反馈、标签等多种功能，增加了趣味性和吸引力。

4.要善于设计学习过程

传统课堂的主角是教师，学习内容、进度、方式、程度、数量、节奏等都由教师掌控，学生只能被动接受。真正的自主学习，应该由学生自主把握要素。现代信息技术提供便利和机会，学生可以随时上网观看喜欢的教学视频，而且什么时候看、在哪里看，进、退、快、慢、停都由自己掌控。看不懂的地方可以暂停、倒回去、重播，只要愿意，可以一遍又一遍地反复学习，感觉就像掌握自己命运一样，自主学习真实而自然地发生。

北京大学教育学院教育技术系副教授郭文革说："教学活动是重中之重，而教学活动的设计依赖教师教育能力的提升。教师不单是讲课，要变身'设计师'。"

5. 学会在虚拟环境中教学

在北京市东城区史家胡同小学的天文馆里，关上灯，抬头看，一个无垠的"星际世界"展现在眼前，似乎触手可及。这种虚拟再现必将激发学生强烈的好奇心。伴随好奇心而来的是一个又一个问题：这是什么星系？那个星球叫什么名字？星球之间是如何和谐运转的？主动发问的过程，伴随着主动探究，创造能力在不经意间养成。

上海市黄浦区卢湾第一中心小学，打破传统"教室"理念，使教室不仅作为一个学习场所，更成为一个记忆空间。他们开设有提升学生艺术能力的"云展馆"——利用"虚拟成像""增强现实"等技术展示优秀学生书画及手工作品；开设提高学生科学素养的"vava实验室"——利用现代信息媒体技术将自然学科的学习内容立体化、全方位地呈现给学生；开设激发学生阅读兴趣的"彩云阅读"——自主借阅一体化的便捷手段，同时将借阅数据的统计、阅读新书的推荐、优秀读后感的分享经彩云阅读平台推送给学生……。

6. 放弃标准答案，教学生多维度探究

互联网不仅拓宽视野和空间，也激发学生的思维能力，为获取知识和寻找答案提供很多途径和方式，"条条大路通罗马"。如果教师还执着于"标准答案"，必将毁掉或者弱化学生的创造能力。

某重点小学一年级语文考试有这样一道试题：蜜蜂、小鸟、兔子和熊猫四种动物，请从中找出一种跟其他三种不同的动物。学生和家长众说纷纭，有人认为是小鸟，因为只有鸟有羽毛，还会飞；有人认为是蜜蜂，因为只有它是昆虫，而且只有它尾部有刺；还有人认为是兔子，因为只有兔子长着长耳，它还是其中唯一进入十二生肖的。校方给出的标准答案是熊猫，其理由为，它是唯一由动物园饲养的国宝级动物。

这类试题本来具有良好的益智和启迪功能，但是出题教师对"单一标准答案"的固执限定，便非常可惜地破坏了其应有的意义。其实完全可以让学生自主回答，只要他言之有理，能自圆其说，符合逻辑，就可以算正确。

7. 从精心营造课堂到精心管理学生的泛在学习环境和资源

从课堂上眉飞色舞的智者，变成无处不在的学习场，需要教师精心管理孩子的泛在学习，如推荐哪些资源APP，推动哪些资源链接，关心孩子手机中下载了哪些学习应用软件……TED上新推出的一个演讲，能否就此与学生交流看法，过去这些都不是教师的任务，现在看来就是教师的分内之事。

（三）重塑教师角色：单向灌输时代终结

互联网时代人们对教师的要求越来越高，也越来越苛刻。教师不仅要能运用各种技术手段和工具开展教学，及时、准确、全面地帮助学生完成学习评估，还要能与其他教师、专家开展合作，把数字化模式、思维运用到日常教学中，还要充当学生的导师和向导，以学生为中心展开教学。学生在社交、活动和校外自主学习中所常用的技术和手段，使其对教师的期望值进一步提升。

此时，教师职业已经发生裂变，分为专家型、学者型、管理型、导师型等种类，每一种类的个体可以拥有不同的个性特征。例如：

有一种教师像医生，或称为诊断师。他很少直接灌输知识，而让学生自主在虚拟空间学习指定的基础知识，他则把教学重点关注于学生批判性思维能力的培养和启发，以及个性化需求。

还有一种教师像设计师。他能从学生的个性特征出发，来设计他们未来的发展方向，据此设计他们的知识结构和性格塑造。

美国互联网思想家戴维·温伯格说："在知识网络化后，教室里最聪明的绝对不是站在讲台前上课的教师，而是所有人加起来的智慧。"也就是说，进入学校智能时代，学习不再依靠教师。教师的工作将发生根本性转变，传道授业解惑的任务基本上可以由机器取代。学习资源的创生将被那些卓越教师所包揽，讲授型教师将会缩减70%。教师角色从知识的搬运工转变为学生心智发展的"营养师"。教师再也不是学校舞台上的智者，而是教学资源的创生者、集成者和统筹者，是学生学习的陪伴者、情感的呵护者、动力的激发者、学习过程的指导者、实践活动的组织者。教师、学生、家长成为学习的共同体，教师的教学也由个体的方式转为团队模式。教师不再局限在一所学校，而成为自由职业者，有选择的权利，各种培训机构将转型为新的学习中心或课程公司。不管怎么样，教师职业不会消失，改变的是教师所扮演的角色。

根据需要，教师的职业有可能更为细化。要加快信息技术背景下的教育工作者队伍建设，还可以尝试开放新的职业，如专门为学生虚拟学习提供专业支持的专业人员可以认定为教师,这样可以吸引一批不能马上就业的高校毕业生参与教育工作。他们的服务是职业性的,有专业技能,并有数据证明和可考核的工作。

印度哲人克里希那穆提从小读书就门门不及格,却丝毫没有影响他成才。他被公认为 20 世纪最伟大的灵性导师。他之所以与当时的教育环境格格不入,是因为他对教育的见解太超前,甚至超越今天,适合于未来智能时代的教育。

克里希那穆提关于教师的见解如下:

教育者并不只是一个传授知识的人。他是一个指向智慧、指向真理的人。真理远比教师重要。如果缺乏对真理的寻求,社会会很快腐化。要创造一个新的社会,每一个人都必须是一位真正的教师。也就是说,我们身兼学生和教师,我们必须教育自己。

如果要建造一个新的社会秩序,那些只为谋生而从事教育的人显然是不能当教师的。将教育视为一种谋生的工具,是为了自己的利益而剥削孩子。在一个开明的社会中,教师不必关心自身的利益,他的生活所需均由当地社会供给。

真正的教师,并不是一个建立庞大教育机构的人,也不是政客的工具,他不被某种理想、某种信仰或某个国家所束缚。真正的教师是一个内心充实的人，因此他自己毫无所求。他没有野心，不追求任何形式的权力，他不利用教育作为获取地位、权威的手段。因此，他能免于社会的压制及政府的操纵。这样的教师在一个开化的文明中，占着首要地位，因为真正的文化构建并非基于工程师或专家，而是教育者。

第五节 知识私有化时代到来

一、人类教学技术变革的历程

人类教学技术变革的历程，基本围绕三个方面的进化展开：

1.教学方式的进化：用技术优化教学，提升教育生产力

提高教学效率是每一次教学变革的核心动力。可以想象，最早的教学行为在教师职业出现以前，是以父教子、母教女、长者教后生、会者教不会者的模式进行的。那时的教学方式没有成规，没有教材，没有任何理论，只有"现身说法"，但最接近现在很多中西方教育专家所提倡的"教学与实践结合"的方式，如3D打印、创客式教学法等。当时基本上是一对一教学，自然谈不上效率。从东方的孔子和西方的苏格拉底开始，教师这个概念出现

了，一人带数人或数十人，效率明显提高。教师都是当时最著名的学者，能跟他学习的学生一般家庭条件都不错，遗传基因也好，成才率相当高。这时的教师可以说是专职的，但他们首先是学者，其次才从事教学活动。那时也没有多少技术，甚至连黑板和书都没有。所谓的书都是竹简或羊皮制作的。纸张和印刷术的出现，对教学的进步具有非常大的促进作用，但是还不足以使教学方式进化到新的时代。真正的教师职业还是在工业化时代，开始像生产流水线一样大量出现，其教学方式也是随着工业技术的发展而变化。在这个过程中，虽然变化很大，却一直没有脱离工业化时代教育的模式，直至今天，随着信息化技术的快速发展，必将开启一个有别于古代教育（学校1.0时代）和工业化教育（学校2.0时代）模式的新时代（学校智能时代）。

2.学习方式的进化：以技术促进学习方式变革，促进学程的再造

纸张和印刷术的发明，使纸质书籍得以出现。或许这是唯一横跨两个教育时代（学校1.0时代和学校2.0时代）的技术，它最大限度地方便知识的传播和获取。而在信息化时代，知识的传播和获取拥有更多和更便捷的渠道，知识的爆炸式增长和传播方

式接近无时空障碍化发展，使人们开始思考如何加强获取知识的能力，促进学习方式的进化便成为时代的使命。

3.教学管理的进化：用数据改进管理，迈入教育管理和服务的智能时代

教育管理渗透教学的整个过程，它的进化是适应技术发展的必然。通过管理和优化资源配置，提升教学质量和效率，提供更适应学生的服务是一个重要课题。在互联网时代，教育管理的进化包含以数据为核心与手段的教育治理，以技术为前提的环境设计和个性化推送服务。

第三章 智能时代高等职业教育转型发展新思考

第一节 基于内涵发展的高水平高职院校建设

一、高职教育内涵建设是实现高等教育内涵式发展的重要方面

实现高等教育内涵式发展是要在推动转型、推进建设的基础上，实现全方位的内涵式发展。

（一）实现高等教育内涵式发展应是全面的、全域的

我国高等教育是一个庞大的体系，从管理体制上既包括由教育部直属管理的高等学校，也有相关部委管理的高等学校，更有一大批省人民政府管理的高等学校，还有一大批市（地）人民政

府管理的学校，也有一部分行业（企业）所属的高等学校，还有一大批社会力量举办的民办高等学校。从类型上看，既有培养科技型人才为主的高水平大学（一流大学），也有一大批以培养应用（技术）型为主的高等学校，更有一大批以培养技术技能型（职业化）人才为主的高等职业（技术）学院。因此，我们所说的实现内涵式发展必须是包括各级次、各类型、各层次学校，也包括全国各区域、各方位的学校，也就是说，我们应根据高等学校的不同类型分别制订内涵发展质量评价体系，明确其质量评价的内容及标准，有针对性地提出教育教学质量的评价要求。从总体上看，各级各类高等学校在内涵式发展上一个也不能少，要实现校校成功、鼓励人人成才。

（二）实现高等教育内涵发展是一项系统工程

在高等教育大发展初期，在推进高等教育从大众化向普及化的进程中，我们的质量观是首先要满足人民群众接受高等教育的愿望和要求，满足行业企业和社会对高等教育（大学生）的需求，满足急需就是质量、规模发展也是质量。但随着高等教育普及化的到来，特别是面向高等教育现代化的新要求，普及化、个性化、多样化、终身化成为必然，职业教育不能单纯把培养岗位技术能力作为自身所追求的唯一目标，还要从教育的总体目标和复杂的职业环境出发，实现个体的完整发展，指向主体的自我实现，这就要求我们从办学指导思想、人才培养模式、考核管理机制等方面进行根本性转变，真正在全面发展、特色发展、个性发展上进行考量，在关注和重视学生的个性化需求和发展方面下功夫，我们必须放弃征地建校舍、乱铺专业摊子等传统思维，真正来一次教育观念的创新和革命，抓住内涵的本质是立德树人，建立适需的质量观，突出结构优化，突出素质教育，突出终身学习。

（三）高等职业教育的内涵式发展必须摆上重要议程

我国的高等职业教育起步于20世纪80年代的短期职业大学，经历了曲折的发展历程，真正作为一个类型确立地位是在世纪之交，成为现代职业教育体系的重要环节和层次则是在2010年《国家中长期教育改革和发展规划纲要（2010—2020年）》颁布之后。无论是作为高等教育的一个类型或层次，还是作为现代职业教育的一个环节，高等职业教育的发展速度有目共睹。据统计，全国目前有高职院校1300多所，在校生规模超过1000万人，号称高等教育的"半壁江山",同时对我国职业教育的发展起着引领作用。但不可忽视的是,高等职业教育总体办学定位还很不合理,办学条件尚有许多薄弱环节,尤其是在师资队伍的数量、结构和质量,专业建设的布局、定位和水平,地区的平衡、协同和提升等方面差距更是明显,一些地区在高职院校总定位上有差距,办学场地有差距,经费投入和条件保障有差距,师资队伍水平和办学质量水平更有差距,这不仅与决胜全面建设小康社会目标有距离,与推进教育现代化的要求更有差距,要实现高等职业教育内涵式发展,必须全面贯彻党的教育方针,落实立德树人根本任务,深化产教融合、校企合作,完善职业教育和培训体系,加大应用型、专业化人才培养力度,培养德智体美全面发展的社会主义建设者和接班人,服务区域经济社会发展、产业转型升级和脱贫攻坚。这就要求必须在高等职业教育领域来一次更大攻坚、来一个更大投入、来一项更大工程去推动。

二、高职院校高水平建设计划是引领高职教育内涵发展的重要抓手

近年来,党和国家在推进高等教育从大众化向普及化转变、提高高等学校办学质量和水平方面采取了许多有力的措施,为高

等教育内涵式发展提供了强大动力，现在一流大学和一流学科建设已经正式启动，应用型本科转型也正在有效实施，作为这项宏大系统工程不可或缺的一部分，高职教育需要在原有政策基础上加大推进力度。

（一）必须抓紧实施高水平高职院校建设这一重大计划

借鉴建设世界一流大学和一流学科的做法，2006年以来国家示范性高职院校和国家骨干高职院校建设的经验，笔者认为，当前高职领域迫切需要一个重大计划来进行内涵推动，比较贴切的概念应是高职教育高水平学校建设和高水平专业建设，简称"双高"建设计划。一方面，它与大学"双一流"相对应，容易理解，便于记忆，更为重要的是，它有利于引导和鼓励部分高水平高职院校安于定位、办出特色、办出水平，发挥其对高职教育乃至整个职业教育的示范引领作用。从前期国家示范性高职院校和国家骨干高职院校建设的绩效看，中央财政投入杠杆效应明显，起到四两拨千斤的作用，因此，高水平高职院校建设应当由中央财政拉动。

（二）应形成高水平学校建设和高水平专业建设联动机制

在高职院校推进高水平建设中，必须进行双高联动，既要立足于建设一批高水平学校，也要立足于建设一批高水平专业。这是因为，第一，专业是高职院校的基本办学形态和载体，专业就是职业教育的代表性和标志性概念，通常来说，普通教育注重课程、大学教育注重学科、职业教育注重专业。第二，专业结构和水平体现着高职院校的办学特色和办学水平，服务方向和服务水平，是高水平高职院校的重要彰显点，十分重要。第三，抓好了一批高水平专业，就夯实了高职院校发展的基础，办好中国特色高职教育也有了良好条件。第四，高职院校培养人才、服务产业发展的主要依靠力量在专业上，只有把专业办好了，才有可能把学校服务区域经济社会发展的作用更好地发挥出来。正因为这样，我们实施高水平高职院校建设方略必须立足于"双高"即建设高水平学校和高水平专业，尤其要把专业建设放到突出位置，在具体方法上，既可以选择一部分学校，也可以选择"学校＋专业"双向驱动模式，即使在高水平学校建设中，应该以专业为基础，真正以高水平专业支撑和支持高水平学校建设。

（三）发挥高水平高职院校的重要引领作用和带头作用

2006年以来，我们支持建设了100所国家示范性高职院校，其后又支持建设了100所国家骨干高职院校建设。17年过去了，如果说当年示范建设主要是为了探索和创新，主要是为了形成高职类型特色，是建立起给人看的榜样；那么，我们今天要实施的高水平高职院校建设计划，应该是建一批对整个高等职业教育乃至整个职业教育有引领作用的标杆性学校，其基本目标和要求：一是必须坚持中国特色，按照在中国共产党领导下立足中国大地办中国特色社会主义高校的要求，培养中国特色社会主义建设者和接班人，博采众长、融合提炼，以我为主、自成一家，形成中国特色，创造中国模式。二是必须研究和实施办学理念引领，在办什么样学校、怎样办学校，办什么样的专业、怎样办专业，走什么样的定位、怎样科学合理定位，培养什么样的人、怎样培养人等问题上，形成科学的理论和理念，为引领发展奠定基础。三是研究和探索办学治校规律，贯穿高教性和职教性的要求，坚持以立德树人为根本、教学工作为主线、专业建设为龙头、优质就业为导向、产教融合为主线、全面发展为目标，并在这些方面形成独特的经验。四是坚持文化引领，大力加强高职院校文化建设，积极构建物质性、制度性、精神性、行为性、价值性文化，并逐渐从文化建设走向文化治理，切实提高办学治校水平。五是重点加强专业建设，围绕国家重点产业和区域支柱产生发展需求，建设一批有高等职业教育特点的专业和专业群，制订专业教学标准，开发专业教学资源，引领专业发展和专业人才成长。六是重点加强国际交流和合作，积极对接国际，探索具有中国特色能够与国际交流合作的中国高职教育话语体系和专业与教学模式，推进中国高等职业教育走向世界。

（四）高水平学校要引领高职教育，更要引领整个中国职业教育

高等职业教育在高等教育发展中具有重要的结构功效，同时在现代职业教育体系中属于较高层次，担负着引领现代职业教育发展的重大任务，必须有这种使命与担当。一是要引领高水平中等职业学校建设，以 100 所高水平高职院校建设的新成果引领 1000 所高水平中等职业学校建设，树立高水平建设的榜样。二是积极探索现代职业教育体系建设工程，可通过五年一贯制、"3＋2"等路径，通过建设职业教育集团，通过托管等方式引领我国中等职业教育实现内涵式发展。三是以学校教育带动职业培训，完善职业教育和培训体系，高职院校要充分利用专业资源和师资优势，在坚持做好全日制人才培养、科学研究和社会服务的同时，积极创造条件，在构建立体化、多样化培训体系上做文章，通过培训体系建设，发挥对整个职业教育的全方位服务和引领。

第二节　人工智能背景下如何建设世界一流职业院校

一、人工智能为代表的新一轮科技革命和产业变革的特征

从1956年达特茅斯会议开始，人工智能发展已70多年，目前正处在人工智能浪潮的第三波。和前两波不同，这一波人工智能热潮中，人工智能技术已开始广泛渗入和应用于诸多领域，包括社交媒体、工业自动化、电子商务、交通出行和物流、安防、医疗和教育等，展现出巨大潜力。几乎所有人都隐约感觉到，一个新时代即将来临。在人类生产发展历史长河中，人类曾经用畜力、机械力、电力替代人力，而在即将到来的时代中，人类引以为傲的智力会被"外包"和替代，这种替代将以超越以往经验的速度发生，这将意味着什么？

（一）大量工作岗位会消失

BBC援引牛津大学学者Osborne等关于"人工智能对未来职业的可替代率"数据体系进行职业预测：不光那些可通过标准化训练的人才，如电话销售员会被大量替代（可替代率达99.0%），连"程式化强、重复性高"的高级脑力工作如会计师也会被大量替代（可替代率达97.6%），只有那些强调"创新、沟通和深入思考"的工作如软件开发人员被替代的可能性较低（可替代率仅8.0%）。仔细观察和分析这些可能要消失的工作岗位，不难发现，职业院校目前培养的学生所从事的岗位与这些即将消失的岗位有很高重合度。更深层次的问题是，工作岗位大量消失之后，数量庞大的劳动者是否有途径通过再培训掌握新技能、重新就业？麦肯锡为中国发展高层论坛2018年会提供的报告指出，到2030年，多达3.75亿劳动者，或相当于14%左右的全球劳动力需要更换职业类型。

（二）大规模个性化定制

手工业时代，个性化定制是最流行的生产方式。随着规模化、标准化流水线大工业生产的实现，围绕客户个性化需求的定制很难实现。当前，随着人们消费水平的提高和消费观念的升级，越来越多的消费者不再满足于千篇一律的标准化流水线制式，个性化、多样化消费需求渐成主流。这种情况下，适应消费者个性化需求的大规模、个性化定制越来越受到人们的关注和青睐。表面上，个性化制造模式下的客户需求是零散的、非标准的，但将规模巨大的需求整合起来之后，便可基于大数据技术分析、聚类并挖掘其中的深层次标准，将"零售"转化为"集采"，并通过智能制造满足众多客户的个性化需求，达成定制领域难以实现的客户规模效应。可见，借助人工智能技术，可实现生产过程由单一、重复的流水线生产模式，转变为大规模、个性化、自动化的智能制造模式。

（三）制造业服务化

从制造业发展看，无论是美国的先进制造业计划，还是德国工业4.0，以及我国"中国制造2025"，都将服务型制造或制造业服务化作为未来制造业发展的方向之一。所谓服务型制造，是制造业企业从投入和产出两方面不断增加服务要素在生产经营活动中的比重，从而实现向消费者提供"制造+服务"一体化解决方案、重构价值链和商业模式的全新生产经营方式，进而在产业层面表现为制造业与服务业融合发展的新型产业形态，这种新型产业形态既是基于制造的服务，又是面向服务的制造。如GE公司将大量传感器安装在飞机发动机上，运用最新人工智能技术，实行实时智能分析和智能控制，提供精准维修保养服务。在此基础上，GE开展按小时支付的租赁服务模式，对发动机提供终身服务，企业从服务得到的盈利大幅提高。

（四）人类社会将进入精神世界

1999年消费互联网刚兴起时，绝大多数人很难认识到未来5～10年互联网将彻底改变人类的生活和工作方式，衣食住行、工作娱乐等各方面都将无法脱离互联网。这就是科技带来的颠覆性，未知远大于已知。由于智能制造、智能服务取代人类大量的工作岗位，而人工智能不需要休息、也不需要薪水，将大大提升企业运转效率，人类的物质财富将极大丰富。同时，人工智能可让人从繁重劳动中解放出来，闲暇时间将越来越多，人类有更多时间去思考哲学问题、陪伴家人、出门旅游，感受精神世界的美好，将物质财富的创造留给"更能干活"的机器。不妨大胆预测，未来人类社会将会超越物质世界进入精神世界。

二、人工智能给职业教育带来的机遇和挑战

面对人工智能的飞速发展，世界各国纷纷出台政策，以应对未来人工智能可能给社会发展带来的影响和变化。人工智能的冲击和影响可见一斑，不容小觑。2010年诺贝尔经济学奖获得者斯托弗·皮萨里德斯认为，人工智能将在技术及应用层面对人才的硬性技术和软性素质两方面能力，特别是对人才的创造力、情感沟通能力、解决复杂问题能力提出更高要求。人工智能将给职业教育带来怎样的挑战呢？

（一）历次科技革命和产业变革都引起职业教育转型升级

职业教育作为人类社会技能传承的有效载体，必然会受到工业革命引起的技术革命的冲击，其办学主体、办学功能和具体形态都必将出现新的变化。手工业经济时代，以手工技艺为主要内容的职业教育在劳动现场开展，父子相继、世代"薪火相传"，是学徒制教育形式，其职业教学内容与生产内容高度一致，教具即生产用具，教师即师傅。18世纪英国工业革命兴起后，大工业机器生产需要大量技术技能人才，而传统学徒制无法提供大规模的技术技能人才，这为学校职业教育提供了可能。18世纪中叶，

俄德英法等国家相继开办现代意义的职业学校。19世纪60年代后期的以"电气时代"为标志的第二次工业革命，对技术要求的升级颠覆了传统人才标准体系，英美国家开始通过立法（如1889年英国《技术教育法》）将职业教育列入正规教育制度的组成部分。20世纪中后期，第三次工业革命出现，生产的主要特点是科学技术对生产的推动作用越来越明显，同时科学技术本身越来越复杂、越来越精密，生产对人才的要求也越来越趋向高技术、高素质，高等职业教育应势兴起。当前，新一轮科技革命和产业变革正在加速演进，职业教育面临新一轮转型升级。

（二）人工智能给高职教育带来的十大挑战

历次科技革命和产业革命都对职业教育产生重大影响，职业教育只有通过自身转型顺应科技革命和产业革命的需要，才能找准自身发展正确历史方向。我们初步判断，这次以人工智能为核心驱动力的科技革命和产业革命将给职业教育特别是高职教育至少带来十大挑战：一是高职教育培养的人才所对应的岗位会大量消失；传统意义的白领和蓝领的界限会越来越模糊，与之对应的工程、技术、技能人才的界限也会越来越模糊；二是随着技术迭代速度加快，高职院校毕业生不仅要掌握一门高技术技能，其职业生涯拓展能力会越来越重要；三是随着物质极大丰富，闲暇时间越来越多，人类由物质世界进入精神世界，高职教育要关注学生的内心世界，关注学生的幸福感受，注重生活教育；四是随着大规模个性化定制到来，生产方式由标准化转向个性化，个性化人才培养越来越重要；五是随着生产方式由大规模标准化流水线工厂生产转向小批量个性化作坊式生产，决定创业能否成功的重要因素不再是生产要素的占有量，而主要是创新能力，因此创业门槛会大大降低；同时，由于就业机会越来越少，创业也许是很大一部分人实现人生价值的必然选择，创新创业教育会越来越重要；六是随着制造业服务化趋势越来越明显，技术技能人才不仅要与技术设备打交道，还要频繁与人打交道，其文化素质与综合素养将越来越重要；七是人工智能时代是技术创新决定一切的时代，科技研发和技术创新能力将成为决定一所高职院校地位的重要因素；八是随着技术迭代速度加快，工程技术人员再培训需求会越来越多，高职院校培训职能会越来越重要；九是随着科技和产业无国界的趋势越来越明显，高职教育仅服务于区域社会经济发展的传统将被打破，高职教育国际化步伐会越来越快；十是如何充分利用人工智能为学校管理及为教师教学赋能，如充分利用人工智能技术，使学校管理决策由传统经验决策转向科学精准决策。如以智能助手形式承担起教学环节当可重复性的、程式性的、靠记忆、靠反复练习的教学模块，让教师有更多时间和精力承担"人类灵魂工程师"的职责。迎接人工智能挑战的过程，是高职院校寻找发展新机遇的过程，也可能给中国高职教育带来弯道超车的机会。

三、人工智能条件下世界一流职业院校建设思路

产业发展水平决定了职业教育的类型和层次，现代职业教育是工业化的产物。考察世界各国职业教育发展历程，职业教育的产生、发展和职能都是由工业化进程决定的。人工智能背景下，世界各国职业教育站在同一起跑线上。从人工智能产业发展来看，目前中国人工智能产业已处于世界人工智能产业发展的第一阵营，不比德国落后。因此，中国建设世界一流职业教育的逻辑起点是人工智能的科技和产业背景，其机遇存在于如何破解人工智能给高职教育带来的挑战之中。

我们认为，中国建设世界一流高职院校的基本思路是：在人工智能背景下，在应对人工智能带来的挑战中，高职院校为社会

经济发展做出世界公认的贡献，包括培养能适应智能时代要求的技术技能人才，培养大批"双创"人才，在科技研发和技术服务方面为中小微企业提供高质量服务，为技术技能人员再培训以及市民生活培训提供高质量服务等。在此基础上，总结凝练具有中国特色的高职教育办学模式和人才培养模式，将其向世界推广并赢得良好国际声誉且能够被一些国家和地区接受和复制。当然，高职院校要做出一流的贡献，赢得一流的国际声誉，必须有一流的保障条件。

四、深职院建设世界一流职业院校的路径与举措

自1993年建校以来，深圳职业技术学院（简称深职院）始终高举改革创新这面大旗，始终坚持在服务国家战略和深圳经济社会发展中谋求自身发展。如今，站在新的历史节点上，面对前所未有的机遇和挑战，深职院提出要率先建成中国特色世界一流职业院校，为经济社会发展做出一流贡献，提升中国职业教育的国际影响力，为世界职业教育发展贡献"深职方案"。2019—2023年，是深职院中国特色世界一流职业院校建设第一阶段，学校按照"一流贡献、一流模式、一流声誉、一流保障"的思路，主要实施一

流技术技能人才培养、一流创新创业教育、一流应用技术研发、一流社会服务、一流国际影响力、一流院校治理模式、一流师资队伍、一流基础设施和一流大学文化等九大一流行动计划，努力探索形成可复制可推广、具有中国特色的职业教育新模式，初步建成中国特色世界一流职业院校。

（一）为国家和区域经济社会发展做出一流贡献

1. 将深职院建设成为适应智能时代的技术技能人才摇篮

适应智能时代的技术技能人才如何培养？就是要从培养技能人才转向培养知识型、创新型技术技能人才，或者要从培养"机器的奴隶"（工业化时代人是围着机器转的）转向培养"机器的主人"（智能时代机器是围着人转的）。具体来说：一是加快推动学科专业转型。核心是要与掌握前沿技术的一流公司合作，如深职院与大型企业紧密合作，共同制定专业标准，共同开发课程。一方面增设云计算、大数据、人工智能等新兴专业，另一方面加快传统专业的转型升级，如将金融类专业转型为金融科技类专业。同时，加强人工智能通识教育，将传统"计算机基础"课程改为"人工智能"通识课，每个专业的学生都要结合自己的专业学习人工智能的基础知识。二是加快推动人才培养方式转型。随着技术迭代速度加快，高职院校仅教会学生一门技术使其具备初次就业能力是远远不够的，除就业能力外，还要培养学生的职业生涯拓展能力及幸福生活创造能力，为此深职院实施"六融合"人才培养模式改革，以学生学习成效为导向（OBE），推进产教融合、职普融合（职业教育与普通高等教育的融合以应对白领与蓝领的融合）、理实融合（课程建设的理实一体化，以实现做中学、学中做）、教育与生活融合（教育即生活、学校即社会）、技术与文化融合（加强文化素质教育，提升学生文化素质和综合素养）、现代信息技术与教学融合。加快智慧校园建设，用AI技术解决阻碍教育走向个性化的关键问题，如通过智能搜索引擎解决培养方案个性化的问题，通过学习分析技术解决教学过程精准化的问题。

2. 将深职院建设成为企业家的摇篮

在人工智能背景下，"双创"是部分高校毕业生的必然选择。深职院不仅要培养能就业的人才，还要培养能创造就业岗位的人才；不仅要让一部分学生能够创业，还要让一部分学生能以创业的精神投身就业。一是实施深化与专业教育深度融合的进阶式双创教育模式改革。践行"重心在教育、目标在万众、路径在分层、关键在实践、核心在创新"理念，建立健全从启蒙教育、预科教育、专门教育到指导创办企业的进阶式创业人才培养体系。二是建设国际领先的技术技能人才创新创业课程体系和课程标准。实施双创教育标准开发、专创融合课程建设、"双百"创新型项目化课程开发、在线课程开发等4项计划。三是建立国际知名的创客项目遴选平台。与知名企业合作，举办产业互联、智能制造等专业型创客训练营。四是建立功能齐全的创客产品研发平台。首期建设智能制造、电子信息等4个创客产品试制技术中心，合作构建公共服务云平台。五是建设深圳国际技术技能人才创业园。重点建设10个左右集实训教学、创新研发、创业孵化于一体的平台型众创空间。六是建立国际接轨的双创教育市场机制。将深职院华侨城校区打造成为教师、学生自主创业和师生联合创业的基地，探索通过股权配置、政府采购、校企智力资源"换购"等模式，吸引一批全球知名机构和业界大师参与创新创业教学与投资。实现"六个一批"发展目标，即开发一批以创业意识和创业能力提升为导向的主干专业课程，打造一批专业型创新创业技术平台，构筑一批特色创新创业空间载体，培育一批具有广泛市场影响力的创客项目，形成一批产教融合的创新创业服务模式，培养一批又一批中小企业主，毕业生创业率达 15%。

3.将深职院建设成为中小微企业技术研发中心

在科技创新为王的时代，科技研发和技术服务能力是决定一所高校国际影响力的重要因素。学校坚持"教学是根本，科研创未来"理念，高度重视科技研发和技术服务工作，力争在科学技术化及技术产业化链条上找准自己的位置，坚持应用技术研发为导向，为中小微企业发展提供技术支撑。一是联合政府部门、世界一流企业及研究机构，组建十大技师工作站，建设十大应用技术创新中心，搭建十大公共技术服务平台，建立技术成果孵化、转移新体制，建立一流的职业教育发展智库。二是组建应用技术研发院、文化创意产品研发院、社会与经济发展研究院三大平台，整合校内科研资源，形成合力，提升科研攻关能力及行业影响力。三是加大高端平台（团队）引培力度。引进诺贝尔奖得主霍夫曼教授等一批重量级团队。

4.将深职院建设成为市民终身教育学校

随着技术迭代速度的加快，技术人员接受再培训的需求越来越高。另外，随着物质财富越来越丰富及闲暇时间越来越多，市民接受生活教育的需求也越来越高。深职院始终坚持"深圳市民的需求在哪里，我们就把学校办到哪里"，由原来只专注于学历教育转向学历教育与职业培训并举，全日制与非全日制并重，打破围墙走向社会，立志建成市民终身教育学校，办最接地气的高等教育。一是组建一批社区学院。联合市、区、街道，设立一批社区学院，探索设立"市民终身学习卡"，建设"学分银行"与学分转换制度，为市民提供便捷、优质的职业教育服务。如与大鹏新区合作成立深职院大鹏新区社区学院，为大鹏新区的发展规划、技术人才培养培训、老年大学、党课进社区等提供支持。二是组建一批行业培训学院。联合有关政府部门、行业协会、龙头企业，建设一批高水平特色型行业培训学院，开展以提升职业能力为核心的多层次非学历与学历继续教育。如与深圳市民政局合作成立深圳健康养老学院，与深圳市司法局合作成立司法辅助人才培养学院，与深圳市公安局成立辅警学院，与行业协会成立跨境电商培训学院、VR技术培训学院等。

（二）在"走出去"战略中产生一流国际影响力

由于职业教育缺乏国际公认的评价指标体系，因此国际影响力和认可度就成为衡量一所职业院校是否达到世界一流水平的重要指标。加快推进高职院校的国际化进程，是建设世界一流职业院校的必由之路。

1. 加强与职业教育国际组织的合作

经联合国教科文组织授权，深职院成立了联合国教科文组织职业教育计划亚非研究与培训中心，充分利用联合国教科文的国际组织体系，"借船出海"，组建国际平台，举办国际论坛，向国际职业教育界发出"中国声音"，展示"中国形象"，输出"深职模式"。

2. 充分利用职业教育"一带一路"职教联盟平台

加强与"一带一路"沿线国家职业教育机构合作，开展相关研究，出版《"一带一路"沿线国家职业教育概览》，做到知己知彼。定期举办"一带一路"职业教育国际研讨会，力争创办"一带一路"暨世界职业教育论坛，将其打造成为职教界的"达沃斯论坛"。加快成立"丝路学院"，扩大丝路沿线国家和地区留学生与职业教育师资培训规模，为深圳企业"走出去"和已经"走出去"的深圳企业培育"种子"人才。

3. 加快推动跨境办学

马来西亚马六甲应用技术大学代表马来西亚全国应用技术类高校与深职院签约，建立双方紧密战略合作关系，建立深职院马来西亚职业教育培训中心，全面推广深职院课程标准。在中东欧保加利亚等国家建设汉语语言文化与职业技能培训中心，积极筹划在德国巴特符腾堡州建立职业教育培训中心，准备在非洲寻找合作伙伴建立深职院职业教育培训中心。总之，通过全球积极布点，推广职业教育"深职模式"和课程标准，扩大深职院的国际影响力。

4.加快引进和开发一批国际教育教学标准

加快建设"中德智慧制造学院"，成立"智能制造技术国际培训与职业能力评估中心"，借鉴和吸收德国、瑞士等发达国家经验，开发一批职业教育标准、模式，为深圳高端制造、精密制造、智能制造培养一流技术技能人才。

5.加快建设一批境外联合培养品牌项目

继续深化与澳大利亚联邦大学、北悉尼 TAFE 学院、美国西雅图城市大学的合作，扩大联合培养规模，提升金融与证券、物流管理、软件技术、国际商务等 4 个专业的合作办学质量。加强与法国葡萄酒大学、英国林肯大学、英国苏格兰斯特林大学等合作，争取新增葡萄酒、旅游管理、数字印刷及出版等 3 个国际合作专业。深职院的国际影响力和国际声誉得到提升，深职院办学模式、专业标准在 10 个以上国家或地区得到推广。

（三）为世界一流职业院校建设提供一流保障

1. 实施一流"双师型"师资队伍建设计划

抓住深圳市人才发展机遇，设立引进高水平人才专项经费，设置"技术教授""课程教授"等特聘教授岗位，吸引一批高水平行业精英和企业技术骨干来校任职任教。研究制定高层次技能型教师标准、教师任职资格标准、职称评聘标准。实施"一师一企"计划，确保专任教师每5年在行业企业实践累计1年以上。完善岗位聘任与管理，探索实施准聘、长聘制度，健全流转退出机制。对专任教师实施分类管理，按照教学型、教学科研型、技术研发型三类研究制定不同准入条件、考评指标和发展通道。到2023年，力争引进20~30名行业杰出技能大师，引培300名兼任一流企业技术骨干与学校教师的"双师型"教师，将学校打造成具有全球影响力的技术技能大师集聚中心。

2. 实施一流基础设施建设计划

坚持勤俭办学，建立政府投入、学校配套、社会支持的多渠道资金筹措体制，构建与世界一流职业院校建设相匹配的基础设施体系、仪器设备体系、数字化智慧校园体系、图书文献资源体系、后勤服务保障体系，满足教学科研和人才培养的需要，为建设世界一流职业院校提供基础保障。特别是要加快智慧校园和教育信息化云服务平台建设，提升智慧云校园发展内涵和服务教学科研水平，以信息化推动业务流程再造，实现资源的高效调配和有效共享，提高服务效能。

3. 实施一流大学文化建设计划

扎根中国大地办世界一流。坚定中国特色社会主义文化自信，把社会主义核心价值观融入学校发展各方面，加快形成具有中国特色的一流大学文化。以办学理念为灵魂，制度文化为引领，校园景观文化为主体，校园文化活动为载体，全面推进职业教育标准、质量、品牌、文化一体化建设。加强思想政治工作，探索构建思政课、通识课、专业课三位一体的大思政教育课程体系。成立社会主义先进文化研究与传播中心，以深圳为样本，研究和传播社会主义先进文化。完善文化育人体系，继续落实《文化育人实施纲要》，制定《学校文化建设规划纲要》，大力弘扬劳动精神、劳模精神和工匠精神。

建设世界一流职业院校绝非一日之功，也绝非深职院一家之事。需要政府高度重视，建立健全职业教育国家制度框架，大力营造重视技术技能人才的良好社会环境；需要社会各界特别是企业积极支持参与，共同承担职业教育的社会责任，形成休戚与共的命运共同体；更需要学校正确把握"引进来"与"走出去"、软实力与硬实力、中国特色与世界一流的关系，坚持中国特色社会主义教育发展道路，全面贯彻党的教育方针，始终把培养德智体美劳全面发展的社会主义建设者和接班人作为根本任务，努力培养一代又一代拥护中国共产党领导和我国社会主义制度、立志为中国特色社会主义奋斗终生的有用人才。

第三节 从示范到优质：我国高职院校发展模式的反思与前瞻

一、从示范到优质：深化内涵式发展的必然选择

长期以来，吸引力不足一直是我国高等职业教育改革发展的一大难题。20世纪末以来，在高等教育大众化影响下，我国高职院校的办学规模不断扩张，并逐渐占据高等教育的"半壁江山"。诚然，高职院校的不断扩张为更多人提供了接受高等教育的机会，但并未从根本上改变高职院校的"弱势群体"形象，也未能真正提升高等职业教育的吸引力。就质量而言，高等职业教育与普通

高等教育仍然存在较大差距。为了解决高等职业教育吸引力不足的问题，我国高等职业教育改革的方向开始由规模式发展转向内涵式发展。2006年，教育部、财政部启动了"国家示范性高等职业院校建设计划"；2010年，又在原100所国家示范高职院校的基础上，新增了100所骨干高职院校，以此来深入推进"国家示范性高等职业院校建设计划"。从效果来看，示范高职院校的教育质量得到明显提高，起到了一定的示范、引领作用。然而，示范高职院校在建设过程中也涌现出一系列问题，其实际效果与预期目标仍然存在较大差距，且对于高等职业教育吸引力的提升作用也比较有限。

为了深化高等职业教育的内涵式发展，真正从根本上提升高等职业教育的吸引力，优质高职院校建设计划逐步提上日程。2015年，教育部发布了《高等职业教育创新发展行动计划（2015—2018年）》，明确提出"坚持以示范建设引领发展，鼓励支持地方建设一批办学定位准确、专业特色鲜明、社会服务能力强、综合办学水平领先、与地方经济社会发展需要契合度高、行业优势突出的优质专科高等职业院校"。随后，教育部又发文指出，到2018年，将支持地方建设200所优质专科高等职业院校；北京、天津、浙江等30个省市今后3年预估投入63.65亿元建设313所优质高职院校。所谓优质高职院校建设，就是对准"世界先进水平的一流高职院校"这一理想目标，在国家示范院校建设基础之上，在先求全局做大（规模化发展），再求局部做强（国家示范性项目建设）之后，通过着力深化、转化和固化示范性建设成果，持续创新发展高职教育，最终实现高职院校的整体内涵做优，全面提升办学品质与境界。为了巩固示范高职院校的建设成果，使高等职业教育改革的红利惠及更多地区，让更多的人享受到优质高等职业教育资源，教育部适时推出优质高职院校建设计划不失为明智之举。

二、优质高职院校建设的前瞻思考

从示范高职院校建设，再到优质高职院校建设，并不是在前者之中选拔"985""211"，而是在更广泛的高职院校层面推广这一项目，倡导更多的高职院校走精细化发展道路，带动高等职业教育整体发展水平的提升。在优质高职院校建设项目启动之际，我们必须在吸取示范高职院校建设经验与教训的基础上，进一步明确优质高职院校建设的方向。

（一）紧扣项目建设初衷，建立以绩效评估为导向的拨款机制

优质高职院校建设的初衷并不在于"从矮子中选将军"，也不在于仅仅满足项目的"贴牌"，而在于通过重点建成"标杆"，来全面提升高职院校的办学水平。另外，与示范高职院校建设不同，优质高职院校建设不再是由中央财政集中投入支持少数学校的发展，而是鼓励地方政府和教育主管部门着眼于强化特色、培育优势，着眼于集中火力、扶优扶强，打破"示范建设"时期的"身份标签"，精心挑选那些办学基础扎实、优势特色鲜明、改革意愿强烈，同时说有想法、做有套路、干有实绩的高职院校进行重点建设。为此，我们必须吸取示范高职院校建设的教训。为避免"资格遴选"再次成为政策执行的实际行动逻辑，我们首先要改变传统的拨款方式，建立以绩效评估为导向的拨款机制。正如有学者所言，在省域优质高等教育发展公共政策的构建中，政府要将资助效果评估做实、做精。对于拟重点支持的优质高职院校，有条件的地区建议采取"先建设、后拨款"的方式，而条件相对较差的地区建议采取"边建设、边拨款"的方式，形成有效的激励约束机制。其次，我们要基于优质高职院校人才培养的全过程构建

"投资—回报"模型，利用科学的评估工具搜集和分析数据，对优质高职院校建设的经费使用情况进行科学而公平的绩效评估，从而进一步完善评价标准，优化质量监控流程。最后，根据绩效评估的结果，政府要动态调整经费支持力度：对于建设进展良好、育人效果明显的优质高职院校，要酌情加大经费支持力度；对于建设进展缓慢、育人效果不佳的优质高职院校，要适当核减经费支持力度。

（二）优化项目验收标准，设计以软件建设为重点的指标体系

对优质高职院校建设而言，项目验收标准往往发挥着重要的导向作用，它可以在一定程度上反映整个项目运作的主导价值理念。原因在于，为了能够顺利通过验收，项目建设院校往往会按照验收标准来进行整体规划与设计，并按照指标体系要求来制定具体方案。回顾以往示范高职院校建设的项目验收标准可以发现，硬件建设指标占据了大量比重，而软件建设的相关指标则明显不足。实际上，与硬件建设水平相比，软件建设水平更能反映一所学校的办学特色与办学水平。如果只重视硬件建设，而不重视软件建设，那么很容易使高职院校的内涵建设失去灵魂；如果只重

视软件建设，而不重视硬件建设，那么很容易使高职院校的内涵建设失去基础。正如前文所言，在经历了高职院校的规模式发展，以及两轮示范高职院校建设之后，我国高职院校建设已然进入内涵提升的关键阶段。就目前而言，经过多年发展，大多数高职院校的硬件建设水平已经有了大幅度的提高，而软件建设水平则始终是高职院校内涵式发展的短板。而且，优质高职院校建设项目一个重要的遴选原则就是"扶优扶强"，这表明能够被选中的学校必然是有一定建设基础的，最起码有硬件建设水平的保障。因此，在优质高职院校建设项目启动之际，我们需要进一步优化项目验收标准，突破以往示范高职院校建设项目验收标准的局限性，设计以软件建设为重点的指标体系。需要注意的是，以软件建设为重点，并非不重视硬件建设，而是强调以硬件建设服务于软件建设，有效发挥指标体系对优质高职院校建设的引导作用。

（三）明确人才培养目标，贯彻以全体学生为中心的培养理念

对于高等职业教育应该培养什么样的人才，我国一直没有一个明确的定位。从历年的政策文件来看，对高技能人才培养目标的定位有"高等技术应用性专门人才""高端技能型专门人才""高

素质劳动者和技术技能人才"等一系列说法。但遗憾之处在于，国家层面并未出台配套文件来解释人才培养目标，这就导致高职院校在具体的人才培养过程中无所适从。在示范高职院校建设中，以上问题仍然没有得到有效解决。在功利主义价值导向之下，示范高职院校往往会设置较高的人才培养目标。事实上，技术技能人才的培养并非一蹴而就的事情，它存在一个从新手到专家不断升级的过程，这就需要高职院校制定切合其成长规律的人才培养目标。对优质高职院校建设而言，比较现实的选择是将人才培养目标定位在"准入"水平，要求全体学生在毕业之时能够达到用人单位的基本要求。正如杜威（John Dewey）所言，如果教育是生长，这种教育必须循序渐进地实现现在的可能性，从而使个人更适合于应付后来的要求。此处所讲的准入水平并非降低高职院校的培养目标，能够真正达到这一培养要求也绝非易事。需要明确的是，为了帮助学生达到准入水平，高职院校应该将实践教学重点放在技能操作"标准规范"的训练上，而非放在技能操作"娴熟程度"的训练上。正如技能大赛选手也许能凭借娴熟的技能获得荣誉称号，但却不一定能够达到用人单位的要求。与其如此，高职院校不如扎扎实实地开展专业技能普测，提高全体学生技能操作的规范性与标准性。准入水平还要求学生具备现代社会所需要的核心素养，针对学生基础文化水平不高的现象，高职院校要开展面向全体学生的文化素质补充教育。

（四）构建多元治理结构，打造以名师团队为主体的治理模式

为了改变传统科层制管理的弊端，优质高职院校在建设过程中应该大力构建多元治理结构，并尝试打造以名师团队为主体的治理模式，有效发挥多元主体的协调治理作用。与管理不同，所谓"治理"，即用规则和制度约束和规范利益相关者之间的关系，以达到决策科学化、民主化的目的；治理理论强调多权力中心和多元主体参与，不同主体之间的竞争和合作是维护社会秩序和促进社会发展的重要动力源。在高职院校，理想中的多元治理结构，不仅应该包括中高层管理人员，还应该包括一线教师。在以往的示范高职院校建设中，管理的主要问题在于，一线教师的自主权并没有得到释放，也没有在整个管理体系中发挥主体作用。在优质高职院校建设过程中，如果一线教师仍旧无法获得更多自主权，那自然无法调动起他们参加项目建设的积极性与主动性。但是需要注意的是，一线教师的自主权并非是完全无限制的，而是存在

一定的边界。为了避免教师个体意见分歧过大可能带来的低效率问题，高职院校有必要打造以名师团队为主体的治理模式，在一定程度上实现"民主基础上的集中"，进而帮助一线教师"科学有效""整齐有序"地发出自己的声音。另外，以名师团队为主体，可以有效发挥名师对新手教师的"传帮带"作用，从而有效促进新手教师的专业化发展，提升高职院校的整体教学与科研水平。

（五）强化院校深度合作，形成以集团办学为载体的合作网络

在示范高职院校建设过程中，之所以会产生回波效应大于扩散效应的现象，原因主要在于，示范高职院校的建设成果仅仅停留在"示范"层面，在后示范期并没有产生推广效果。示范高职院校所带来的所谓扩散效应，多表现为区域内其他高职院校对示范高职院校的参观学习与简单模仿。实际上，由于资源禀赋、内部环境等方面的差异，这种浅层次的合作并不能有效带动非示范高职院校的发展。在优质高职院校建设项目启动之际，为了更好地处理效率与公平之间的关系，我们必须强化院校之间的深度合作，并加快形成以集团办学为载体的合作网络。由于目前我国的高职院校仍然主要处于非均衡式发展阶段，因此，将优质高职院

校与其他非优质高职院校纳入同一集团办学，可以在一定程度上实现优质职业教育资源的共享，推动区域内"优质均衡"目标的实现，并逐步缩小不同类型院校之间的发展差距。该集团不仅可以包括优质高职院校、示范高职院校、普通高职院校，而且可以包括行业、企业等。根据奥尔森（Mancur Lloyd Olson）的集体行动理论，当一个组织规模足够小时，少数精英成员就可能实现集体目标；只有当组织规模较大时，才需要有一套复杂、正式的治理结构，以确保"选择性激励机制"激励贡献者，处罚"搭便车"者，实现集体目标。在制度经济学看来，对一个组织而言，组织成员数量的大幅增加必然会带来集体行动困境。对于以异质性元素为主要特征的高职院校集团化办学而言，必然也需要解决集体行动困境的问题。为此，我们必须切实发挥优质高职院校的带动引领作用，着力构建协作共赢的内外部治理结构，建立有效的决策、执行与激励机制。

第四节　高水平高职院校建设内涵解析

一、高水平高职院校建设的重大意义

（一）服务国家重大战略发展的本质要求

国家实施"中国制造2025""创新驱动发展"等重大发展战略，全面推动中国制造向中国创造转变，提升加快中国速度向中国质量转变，努力实现中国产品向中国品牌转变。国家重大战略的实施迫切要求职业教育培养大批技术精湛的杰出技术技能人才。职业教育要主动围绕国家重大发展战略，对接产业发展，深化改革创新，聚焦内涵建设，产教深度融合，扩大对外开放，提升发展质量。高水平高职院校和骨干专业建设，有利于推动职业教育创新发展，培养一批支持、推动和引领一流产业发展的跟跑者、并跑者乃至领跑者。

（二）高职战线创新发展的重要引擎

2006年至2015年，教育部等部委启动实施的"国家示范性高等职业院校建设计划"，引领项目建设院校和全国高职战线在

不断创新体制机制，全面深化教学改革，快速提升服务能力，不断提高办学质量。后示范时期，部分高职院校对未来发展产生迷茫，引领未来发展缺少重大抓手，为此，教育部抢抓时机从服务国家重大战略布局和经济转型出发，出台高职教育创新发展行动计划，提出扶优扶需扶特扶新，支持地方建设200所优质高职院校；国务院从推动创新型国家和人才强国建设出发，引发国家教育事业发展"十三五"规划，提出支持100所左右高职院校和1000所左右中职学校建设计划，同时要求发挥地方主导作用，辐射带动一批服务地方经济发展的优质高职院校建设，使高职院校建设总体目标朝着高水平高职院校方向不断前进。

（三）高职院校内涵发展的必然趋势

近年来，高职院校围绕国家重大战略布局，深度融入大众创业、万众创新和"中国制造2025"的实践中，加快培育大批具有专业技能与工匠精神的高素质劳动者和人才，为经济社会发展做出了重要贡献。国务院及教育部印发的《决定》《行动计划》等文件，聚焦高职院校内涵发展，确立了职业教育改革领域"四梁八柱"性质的主体框架，指明了优质教学资源、办学活力、技术技能积累、保障机制和思想政治教育等方面的具体建设方向，将高职院校打造成为杰出技术技能人才培养高地，要求高职院校围绕生产方式变革、技术进步、社会公共服务等方面要求，在人才培养、技术技能传承、促进就业创业中发挥更大的作用，培养大批具有敬业守信、精益求精等职业精神的高素质劳动者和技术技能人才。

二、高水平高职院校建设的内涵要求

高水平高职院校建设，旨在打造一批高水平的人才培养、专业建设、师资队伍、社会服务、内部管理、校园文化，形成与国家重大发展战略同频共振，与国家重点发展产业适度超前的职业教育发展格局，构建高水平高职院校"宏、中、微"三位一体的内涵体系。宏观上，坚持"中国特色"的社会主义办学方向，坚持立德树人，支撑国家战略，为人类发展提供"中国方案"打下杰出技术技能人才基础。中观上，明确了高水平高职院校建设的一条主线、四大特征和六大要素，即以深化产教融合、校企合作、工学结合为主线，以人才培养、科技创新、专业建设与产业融合发展为特征，以规律、专业、人才、资源、制度与文化为六大要素。微观上，聚焦基本办学和实习实训条件的改善，关注国家重点领域产业和区域支柱产业相关专业建设，提升学校服务学历教育、社区教育、职工教育培训等能力，聚焦校企一体合作办学，突出工学结合人才培养模式，加大理论和实践一体化课程开发。高水平高职院校从概念的内涵和外延上可以从三个层面来理解。

（一）高水平的"世界性"

国家或地区经济社会发展的不平衡性，决定了高等教育事业发展的进步与落后程度，创建高水平高职院校是一个区域性概念，对于各级各类学校，创建"高水平"一定是有世界的高水平、亚洲的高水平、全国的高水平、区域的高水平之分，各个省份、各个院校应在不同范围内确定创建高水平的目标和计划，选中标杆，实施标杆管理。

（二）高水平的"发展性"

事物发展通过不断的"否定之否定"，实现从量变到质变的跃升，从低级阶段向高级阶段进发。从历史角度看，高水平的标准绝不是静止不变的，而是伴随着产业升级改进不断向前发展的。产业经济发展的"优胜劣汰"，一个时期的高水平标准会被下一个时期质量更高、内涵更丰富的所超越，高水平院校的标准要因变适变，动态优化高水平目标和内涵并以行动，要主动领跑产业发展，才能顺应发展潮流。

（三）高水平的"特色性"

特色包含个性、优势，同时本身也涉及全局优化，纵向的差异事关发展程度、层次，甚至是"代际差异"，横向的差异事关发展特色、核心竞争力。世界上综合性高水平大学，没有哪一所在每个领域都做到顶尖，都是在某一个或某几个学科领域单兵或重点方向上突进、领先，高水平高职院校建设需要高水平的文化、制度和资源作为支撑，需要持续用力、长期积累、长期奋斗。高水平高职院校建设，关键是要找到总领发展的"纲"，纲举则目张，若单向用力，越给力反而越有可能跑偏。因此，高水平高职院校建设，要以专业为建设总纲，以人才培养质量为核心，以服务产业和地方发展为特色，才能办出具有鲜明特色、卓越水平、一流声誉的高水平高职院校。

三、高水平高职院校重点建设任务

（一）坚持骨干专业建设为基本载体

高水平高职院校必须由若干骨干专业作为支撑，要不断优化专业结构，改善实验实训，优化师资结构，提高服务产业发展的能力，扩大国际影响力。一是优化专业结构。根据区域经济发展需要和服务行业特点，凝练专业方向，打造国内领先、辐射带动一批专业发展的拳头专业，提升专业支撑、推动、引领产业发展的能力。结合学院行业和区域优势，准确定位，紧贴产业发展动态设置和调整专业建设体系，推动国家重点产业发展亟须的专业的建设。二是提升师资水平。围绕专业实践能力提升建设，健全专任教师的培养机制，完善青年教师代培和轮训制度，打造一批专兼结合的双师素质教师队伍。三是深化教学改革。不断深化工学结合的人才培养模式改革，加大"理实一体化"课程体系改革，深化"订单班"、现代学徒制等校企一体化育人模式，加大信息技术在教学中的应用，促进学生自主学习、创新和就业的能力提高。四是坚持开放办学，要加强技术技能积累，扩大对外合作，扩大职业教育的国际影响力和竞争力。

（二）坚持人才培养质量核心地位

质量决定兴衰，高水平的人才培养质量是学院发展的核心竞争力，唯有提高培养质量才能吸引高水平的教师，良好的学生、留学生和社会资源。高水平高职院校建设要以提高人才培养质量为核心，深化人才培养模式改革，完善质量监控体系，强化育人环境改善，全面提高人才培养质量。一是要深化人才培养模式改革。加大行业企业标准和国际成熟职业标准的引入，推动工学结合的人才培养模式朝深度和纵向发展。二是要强化教学规范管理。要全面落实教学规范，探索适应生源特点的人才培养新模式，不断创新教学管理机制，提高服务师生水平。三是要完善质量保障机制。推进建立教学工作诊断与制度改进，发挥好人才培养数据状态平台作用，建立常态化的高职院校自主保证人才培养质量的机制，做好人才培养质量年度报告制度等。

（三）坚持产教融合为主线

坚持产教融合、校企合作，坚持工学结合、知行合一是职业教育的本质要求。示范院校建设，创建了工学结合的人才培养模式，解决了职业教育专业建设的核心问题；骨干院校建设，形成了校企合作机制，解决了学校层面的合作问题；高水平高职院校和骨干专业建设，聚焦服务一流产业发展，要在更大范团、更高层次、更深程度上促进产教融合。职业学校要主动对接企业需求，增强服务企业发展的针对性和支撑力；要支持和引导企业深度参与学校育人过程，通过组建职教集团、专业建设指导委员会、董事会（理事会）等形式，使企业深度参与高职院校教育教学改革，支持专业建设、教师培养和学生实习实训。大力推进现代学徒制试点，充分发挥企业育人的主体作用；深化体制机制改革，鼓励社会力量以资本、知识、技术、管理等要素参与公办高等高职院校改革，大胆探索混合所有制办学模式。

四、高水平高职院校建设路径

高水平高职院校建设，紧密围绕产教融合、校企合作、工学结合为主线，不断改善基本办学和实习实训条件，强化国家重点领域产业和区域支柱产业相关专业建设，重点提升学院服务学历教育、社区教育、职工教育培训等能力，深化产教融合，聚焦内涵建设，坚持创新驱动，扩大开放办学，打造一批人才培养、科技创新、专业建设与产业融合发展的杰出技术技能人才培养高地。

（一）融合发展，创新体制机制

以优化内部质量治理体系为重点，完善质量保证体系，创新办学体制机制，强化学院服务国家重点产业和区域支柱产业发展能力建设。

1.优化治理体系，提升治理能力

坚持和完善党委领导下的校长负责制，加快凸显学院特色的现代大学制度建设，建立理事会或董事会；拓宽师生参与学校民主治理的渠道，发挥学生代表大会的桥梁纽带作用；构建自我发展、自我约束的内部管理体制和监督制约机制；优化机构设置，深化两级管理模式改革，下移管理中心，建立富有活力、运转高效的两级管理体制，建成以绩效为导向的全部门全员考核机制，提升学校管理效能。

2.开展教学诊断与改进，健全质量保证体系

以推进教育治理体系和治理能力现代化为目标，落实学校办学主体地位、激发学校办学活力，加快建立健全院校自主发展、自我约束的运行机制。发挥职业院校质量责任的内在自觉性，建立全员全过程全方位的质量标准体系；发挥教育主管部门的管控作用，对院校的质量保证机制和能力进行有效管控；发挥第三方

中立性监测与评价体系的外在技术支持作用，建成"院校主体、政府推动、市场引导"的质量保证体系。

3. 搭建校企合作平台，推进产教深度融合

加强与行业职业教育教学指导委员会合作，建立健全政府主导、行业指导、企业参与的职业教育办学模式，率先在大中型企业开展产教融合先行先试，推动政校企行共建共用共享人才培养基地、技术创新基地、科技服务基地。推动教育链与产业链的有机融合，引导和鼓励学校、行业、企业、科研机构、社会组织等组建职业教育集团。

4. 创新办学机制，创建特色学院

鼓励和支持社会力量联合办学，创建特色二级学院，突出二级学院在人才培养和质量责任中的主体地位。深入推进现代学徒制试点，发挥企业办学主体地位，成立以现代学徒制培养为主的特色学院；探索以资本、知识、技术、管理等要素参与办学模式，成立具有混合所有制特征的二级学院。

（二）内涵发展，加快优质资源扩容升级

服务行业产业发展，优化专业结构，深化教学模式改革，打造高水平师资队伍，提供高水平社会服务，打造高水平人才，推

动学院内涵式发展。

1. 创建特色专业体系，创新人才培养模式

紧密围绕"中国制造2025""创新驱动发展"等国家重大发展战略和区域支柱产业发展，把专业建在产业链上，建立专业设置的动态调整机制，不断优化专业结构，打造一批彰显学院特色、支撑产业发展的专业体系。推行校企一体化育人，深入推进"订单式"培养、工学交替培养，进一步推动校企联合招生、联合培养的现代学徒制试点，探索实践本科层次职业教育培养模式和实现形式。

2. 扩大信息技术应用，创新课堂教学变革

加快推进教学信息化建设和应用，按照"院校主体、政府支持、社会参与"的方式，集聚优质资源，建成具有中国特色的公共服务平台和在线开放课程体系；整合社会资源，扩大行业企业参与，打造一批优质高等职业教育专业教学资源库。积极促进信息技术与职业教育的创新融合发展，构建网络化、数字化、个性化、终身化的教育体系，形成人人皆学、时时可学、处处能学的学习环境。

3. 优化人才队伍结构，加强师资队伍建设

健全适合职业教育发展的职称评价体系，完善以品德、能力、

业绩为导向的职称评价标准，推动教师分类评价、分类管理的人事管理制度改革；建设"双师型"教师培训基地，推动和加强高职院校师资队伍建设；建成大师工作室，推动技能大师技术技能创新和实践经验加速传承和推广；建设优质专业教学团队，促进教师间的合作交流与传、帮、带作业，加大教学名师和教坛新秀培养工作力度，实施"教学名师引领计划"，培养一批国家级、省级教学名师。

4.创新校企合作，强化社会服务能力

对接社会发展，服务国家需要，建成与区域经济社会发展相匹配、相协调的现代职业教育体系；坚持"共建、共享、共用"原则，打造科技应用技术服务中心；建立终身学习成果认证、积累与转换的全民公共服务平台；拓宽新型职业农民、现代产业工人、进城定居农民工和退役军人等重点人群接受学历和非学历继续教育渠道，支持推进农民继续教育，为农民通过半工半读方式接受职业培训和教育提供条件。

（三）创新发展，加强技术技能积累

坚持创新驱动,发挥院校人才优势和区位优势,重视文化育人,促进技术技能积累转化,完善技能大赛制度,将学院打造成为区域技术技能资源的聚集地。

1. 打通多样化技术技能人才成长通道

完善高职院校分类考试评价方式，突出"文化素质＋职业技能"考试办法，健全职业适应性测试办法，限定中高职贯通考试招生专业，规范高职院校注册入学方式。探索建立"中职—高职—本科"技术技能人才成长通道，打通职业教育"立交桥"，构建适应个人全面发展的先进职教体系，为学生多路径成才、多样化选择搭建"立交桥"。

2. 建立和完善技能大赛制度

进一步发挥全国技能大赛及各类大赛对教学方式改革、提高教学质量的推进作用；坚持政府主导、行业指导、企业参与，形成"校级—省级—国家"三级梯队培养机制，以赛促教、以赛促学、以赛促改，提升学生实际动手能力、规范操作水平、创新创业水平，全面提高技术技能水平。

3. 促进技术积累及转化

培育具有持续创新能力的科技服务与创新团队，建成具有持续发展能力的技术技能积累中心或工程技术中心，促进技术技能积累与转化能力。推动校企共建技能大师工作室、实验实训平台、技术工艺和产品开发中心等，将学院打造成为技术技能积累与创新的重要载体。发挥职业教育集团作用，促进教育链和产业链有机融合，探索组建覆盖全产业链的职业教育集团。

4. 促进文化育人与技术技能积累的融合发展

加强校园文化建设，强化大国工匠精神培育，推进企业文化、产业文化、职业文化进校园进课堂，促进职业技能和职业精神高度融合；持续推进人文素质教育实践活动，在文化育人实践中推动技术技能积累，在文化传承创新中提高育人水平，着力培养追求卓越、精益求精、敢于创新的工匠精神。

（四）合作发展，推进对外交流与合作

加大引进国（境）外高水平专家和优质教育资源，持续推进学生对外交流，加强师资对外交流力度，跟进"一带一路"倡议，支持中国企业和产品"走出去"，提升学院国际化办学水平。

1. 提升合作办学质量

完善中外合作机制，围绕国家急需专业建设，引进国（境）外优质教育资源，建成一批示范性合作办学结构和项目；对接国际标准，参照国际工程教育互认体系，指导专业建设；坚持"扩

大开放、规范办学、依法管理、促进发展"方针，扩大中外合作办学项目，探索职业院校到国（境）外办学方式，提升职业教育国际影响力。

2. 拓宽技术技能合作

与世界一流应用技术学校或科研机构开展深度合作与交流，参与国际或区域性重大项目、科学工程的建设，参加国际标准和规则的制定，不断提高学院国际影响力。

3. 扩大师生对外交流

健全中外合作管理制度，鼓励和支持国（境）外高水平技术技能专家来华任教，扩大中外学生互换、教师互派、学分互认力度，培养通晓国际规则、具有国际视野的杰出技术技能人才。

4. 服务国家"走出去"战略

推动建立与中国产品和企业"走出去"相配套的职业教育模式，面向当地员工，探索技术技能培训和学历教育，培养一批符合中国企业海外生产经营需求的本土化人才。探索与开展国际业务的大型企业合作办学模式，创建国际化人才培养基地。

高水平高职院校建设，是职业教育支撑国家重大发展战略的重要手段，是推动经济升级转型的有力举措，是提升职业教育内涵发展的本质要求。按照把握人才培养质量核心，坚持服务发展、促进就业，深化改革创新，强化产教融合、校企合作、开放办学的要求，打造一批培养杰出技术技能人才的高水平高职院校，推动职业教育更好地服务国家战略发展，推动我国职业教育发展迈上新台阶。

第五节 新时代优质高职院校建设与发展思考

一、新体会

（一）高职教育具有"三个意味着"

经历了国家示范院校、国家骨干院校建设，目前我国大部分高职院校逐步发展壮大，学生规模基本稳定、校园基础设施建设基本完成、经费投入得到有效保障，在办学条件、师资队伍和社会服务能力等方面都取得了长足进步，高职毕业生的社会认可度不断攀升。这意味着高职教育已占据高等教育的"半壁江山"，对高等教育从精英阶段进入大众化阶段发挥了重要作用；意味着高职教育已经从规模扩张走上内涵发展阶段，高职院校的办学特色已初步形成；意味着职业教育基本形成了产教协同发展和校企共同育人的格局，职业教育与经济社会发展的契合度不断增强，具有中国特色的职业教育发展道路逐步形成。

（二）高职教育发展存在两个"没有变"的现象

一是部分高职院校的办学基本条件与优质高职院校建设标准之间的差距依旧存在，处在发展初级阶段的现状没有改变。高职院校生均仪器设备、生师比、优质教学资源、科研与技术服务成果等，尚未能很好地满足人才培养和学生对优质教育资源的需求。二是高职院校在高等教育领域的话语权、影响力、竞争力还不强，高职教育大而不强的现状没有发生根本改变。高职教育的人才培养、服务社会等尚有差距，在创新发展、国际影响力等方面，更是差距明显。在严峻的形势面前，优质高职院校的创建必须将立德树人与内涵发展作为第一要务，在发展中解决问题，补齐短板，扩大优势，迎头赶上。

（三）高职教育领域的主要矛盾

一是学生、家长对"上好学"的需求与学校提供的教育服务不充分不均衡之间的矛盾。学生、家长的需求已经由"有学上"

转变为"上好学",但高职院校可以提供的教育教学资源、生均教学设备台套数、文化体育设施、创新创业平台等仍然有限,都与"上好学"的要求存在较大差距。

二是学生的"人人成长成才"的需求与学校有效供给的不充分不均衡之间的矛盾。院校要以学生为中心,尊重学生的成长规律,构建作为"人"的全面发展和可持续发展的机制体制。如参加技能竞赛、专业协会、文体社团的学生,可以享受到更多的优质教育资源和个性化培养,但对其他学生而言,接受高质量教育的机会存在不均等,"一人一课表"的个性化教育无法落地。同时,学校内部专业之间也有不均衡的问题,各个专业的教学设施、师资队伍和教学投入也都存在不均衡。

三是产教融合、校企合作对人才的需求与学校人才供给不充分不均衡的矛盾。区域经济发展方式的转变和产业转型升级,需要高职院校培养更多高素质且具有持续发展和岗位迁移能力的技术技能型人才,但人才培养的现状还存在产教融合不充分、企业参与人才培养深度不够、分布不均,校企合作开展技术攻关、混合所有制企业学院的建设等深层次合作程度不高等问题,导致毕业生不能真正对接企业用人需求。

二、新理念

创建优质高职院校须面向未来、拥有符合自身特色的发展理念。只有不断更新理念，凝聚共识，用共同愿景引领学校发展，才能走出一条可持续发展之路。

（一）坚持以学生为中心的理念

学生是高职院校的服务对象，善待每一位学生必须体现在教育教学的每个环节。高职院校的课程、师资、实训、校园环境、文化资源都要以学生为中心，为其提供优质服务。师生之间应建立一种平等和谐、良性互动的关系。教师决不能仅仅满足于教学生以知识，而是要教给学生进一步获取知识、不断创新的能力，要把学生培养成有知识、有技术、有技能、有道德、有良知的合格公民。学校可以成立学生发展中心，加大对以专业技术为基础的科技社团、创新社团建设的支持力度，让学生在自己感兴趣的领域提升水平、强化能力，培养他们的职业道德、参与意识和自我管理意识。

（二）坚持共同治理的理念

共同治理就是在坚持党委领导下的校长负责制的基础上，在大学章程的指导下，建立党委领导、行政主导、专门委员会协同、师生参与、法治保障的现代大学治理体系建设。共同治理的目的就是要让全校教职工参与到学校管理与决策中。通过在校内成立课程、教师、财经、学生事务、发展战略等咨询委员会，在政策出台之前甚至在决策过程中，充分听取师生意见，强化其在参与学校管理和决策过程中的责任感和使命感。

（三）坚持从我做起的理念

优质高职院校建设不仅仅是校领导的事，学校人人都责无旁贷，需要全体师生员工树立起"从我做起，以身作则"的思想，以主人翁的姿态积极投身学校优质高职院校建设和发展的伟大事业中去。个人层面看，每位教职工要认真思考，自己能为学校发展做些什么，把主要精力放到学校的发展振兴上去。学校层面看，要始终坚持为区域经济服务、为中国特色社会主义培养合格的建设者和可靠的接班人这一前提。要立足学校内涵建设，扎扎实实抓专业建设、人才培养、队伍建设，只有做出了成绩，才可能真正被社会关注和重视,才能保持持续上升的势头,得到政策的支持、社会的认可。大到学校,小到个人,从我做起,人人有责,形成氛围,学校的宏伟目标才能实现。

(四)坚持"大教师观"

在学校站讲台的是老师,坐办公室的是老师,看门守栋的也是老师,每个人在各自的岗位上都要充当育人的角色。大教师观就是把参与学校管理、教育教学、后勤保障等教职员工都视为肩负育人使命的教师。身为学校一员,教职员工都应该了解本校的办学定位、专业建设的发展动态以及学校的中长期规划和发展愿景。要进一步明确专任教师、辅导员、后勤服务人员、管理人员和兼职教师的角色定位,发挥各自在人才培养中不可替代的作用,变被动为主动,形成"全员参与、全员育人、全员增值"的校园文化,让所有教职员工都有价值归属感、情感归宿感、事业成就感。

(五)坚持创新发展的理念

优质高职院校的建设过程就是学校全面改革不断深化、不断创新的过程。要建设优质高职院校,学校要紧跟时代发展步伐、把握趋势,适时调整和完善体制机制。要坚持用发展的眼光看问题,将创新、协调、绿色、开放、共享发展理念贯穿到学校教育教学改革的各个方面，切实促进治理能力和体系的现代化，促进人才培养质量的提升。

三、新思路

（一）深入推进"三全"育人

1. 要坚持思想价值引领，推进全员育人的大思政格局

要把社会主义核心价值观融入教学、管理、服务、环境等各个育人领域，要遵循教书育人的规律和学生成长的规律，不断提高思想政治教育的针对性和亲和力。要加强教师思想政治工作，完善教师管理制度和机制，强化教书育人是教师神圣职责的理念，引导教师牢记老师是第一身份，人才培养是第一要务，上好课是第一责任，政治合格是第一标准。充分用好发挥好身边最生动、最管用的模范、样板，教育引导广大教师积极践行"四个统一"。

2. 要大力推进课程思政建设

通过创新课程体系，修订人才培养方案，加强对教师的马克思主义理论教育与培训，强化显性教育，细化隐性教育。明确每一名教师的育人职责，每一门课程的育人功能。每个专业都要努力挖掘好思想政治教育资源，找好育人角度，多出育人成果。要

把思想引导和价值观塑造融入每门专业课程之中，确保其他课程与思想政治理论课同向同行，形成协同效应。课堂是为党和国家培养人才的地方，要坚持课堂讲授守纪律，公开言论守规矩，所有的教育教学活动中都不得出现违背党和国家大政方针、违背宪法法律、危害国家安全、破坏民族团结等言行。

3. 要强化社会实践育人

要整合思想政治理论课实践教学、大学生社会实践和专业课实习实训等环节，构建统一规划、分层实施、分类管理的实践育人体系。要积极推进"校行企"协同育人，深化创新创业教育改革，加强实践教学基地建设，鼓励学生走进社会、企业、工厂开展社会调研、生产实习和创新创业实践，在实践中培育工匠精神，提升职业素养，培养对人民的感情、对社会的责任、对国家的忠诚。要建立大学生志愿服务制度，将志愿服务纳入共青团"第二课堂"成绩单。

（二）切实抓好基层党组织建设

党建与思想政治工作是促进学校改革、推动学校发展的坚强保障。必须充分发挥党的制度优势和密切联系群众的优良传统，必须充分彰显基层党组织的战斗力和凝聚力，切实将全体党员干部、师生员工的智慧与力量凝聚到学校创建优质高职院校建设发展的大局中来。

一是优化基层党组织设置。把基层党支部设立在教研室、实训室和专业团队里，设在托管的物业公司里，设在学生活动最频繁的公寓宿舍里和学生兴趣最浓的学生社团里。

二是加强党务工作队伍建设。把专业带头人培养成党内骨干，把党内骨干培养成专业骨干，党务干部既要熟悉党建与思政工作的方法，也要熟悉学校的教育教学、专业建设和人才培养。通过这种方式，党员先锋模范作用和基层党支部战斗堡垒作用的发挥也就有了载体，将党组织的政治功能与服务功能有机统一起来。

三是深化"两学一做"学习教育。充分发挥党员领导干部示范作用，积极组织党支部学习研讨，全面开展支部主题党日活动，持续整顿疲弱涣散现象。要在制度建设上精准发力，使"两学一做"在深学、实干、真做上深化拓展，成为广大党员的"实践地"和"对标杆"，构建加强基层党组织和党员队伍建设的常态化机制。

（三）扎实推进特色校园文化建设

将文化建设作为学校全方位育人的重要内容，全力打造彰显学校办学历史、办学定位和办学特色的校园文化。

一是加强精神文化建设。持续开展学校精神的总结、凝练和解读，形成全校师生认可的精神文化品牌，使学校精神代代薪火相传。要厚植行业文化，挖掘学校的行业特色，探索产业文化进教育、行业文化进校园、企业文化进课堂的实现路径，积极推进职业文化、创新创业文化融入人才培养方案，积极培育工匠精神，大力开展优秀典型评选，将学校精神内化为全校师生员工的共同文化心理。

二是加强物质文化建设。深入挖掘办学历史，突出办学特色，打造一批卓越文化景观，建设展示学校历史发展的文化博物园、博物馆，规范校内楼宇、道路、园林、景观的命名，推动物质环境与人文环境的有机融合；开展统一文化标志建设，对学校的各种视觉因素进行全面统一的规划和设计；推动传统校园媒体与新媒体的融合发展，全力打造以各级各类网站和微博、微信、微视频为重点的新媒体网络平台，构建立体化交叉覆盖的全媒体阵地。

三是加强行为文化建设。全面推进优质高职院校建设，形成一批标志性成果，为"双一流"建设奠定坚实基础；导入卓越绩效管理模式，建立常态化的内部质量保证体系和可持续的诊断与改进工作机制；发挥各种形态校园文化活动的育人功能，打造传统校园文化活动卓越品牌，培育一批卓越社团，做强卓越体育艺术品牌；构建大宣传格局，挖掘卓越典型，讲好学校故事，传递发展正能量，为学校改革发展凝聚强大合力，提升学校的社会知名度和影响力。

第六节　创新发展，智造梦想挺起工业脊梁

一、内涵提升推动率先发展

坚定不移地以提质增效为基调，启动实施教育教学综合改革计划，着力推进四大战略，全面推进从注重规模速度的粗放式发展，向注重质量内涵的集约式发展转型，从硬指标的显性增长向软实力的隐形提升转型。

一是推进一流学院战略。培育招牌名师、培养名片学生、催生优质成果、铸就卓越品牌，力促核心竞争力提档升级，跻身全国优质高职和全省一流高职行列，力争教育教学成果的数量和等级名列全省首位，综合实力位居全国示范高职院校第一方阵前列。

二是推进一流专业战略。按照对接产业、聚焦内涵、分类指导、凸显优势、重点突破、引领发展的思路，以跨界融合为特征重塑

制造业价值链，培育产业发展新动能，促进智能型制造类专业做优做强、稳定发展，高端型制造类专业做新做好、优先发展，服务型制造类专业做精做特、扶持发展。

三是推进文化引领战略。进一步凝练具有自身特质的大学精神，持续加强"一院一品"建设工程，倾力塑造体现现代工业元素的工匠文化精品，打造省级校园文化建设成果、国家级校园文化建设成果，有效发挥以文化人、以文养心的育人功能，全面提升人才人文素养和道德情操。

四是推进"互联网+"战略。加快智慧校园、先进教室、未来教育建设步伐，建成基于IPV6、网宽10G、资源100T的网络条件和以大数据、云服务为核心的信息环境，深植数字化于校园各个系统、工作过程和基础设施之中，着力推动教学效果、管理效率和服务效能的同步提升。

二、现代治理推动创新发展

锲而不舍地加大改革攻坚力度，启动实施机制体制革新计划，深化管理体制和运行机制创新，借助制度创新激发创造活力，切实增强自主发展能力。

三、开放服务推动协同发展

持之以恒地遵循大职教理念，启动实施社会服务互惠计划，以开放共享汇聚多元主体和创造发展机遇，以优化服务寻求广泛支持和拓展生存空间。

（一）服务"中国制造2025"战略

发挥跨行业、跨地域合作的校企战略联合体作用，多方联合进行人才培养、开展技术攻关、承担重大课题、建立研发平台，积极创建全国机械行业高素质技能人才培养中心、应用技术协同创新中心、先进制造技术促进与服务中心、校企共建生产性实训中心，切实增强服务产业优化升级和地方经济发展的能力。

（二）服务"大众创业、万众创新"战略

校企携手基于分类指导构建"播种子、闻花香、摘果实"三层培养机制，基于认知规律搭建"小舞台、操练场、大熔炉"三大实践平台，基于课程、组织、服务构筑三大保障体系，建设校内外学生创新创业示范基地，建成陕西省众创空间孵化基地，扶持创业先锋，打造创客品牌。

（三）服务国家终身学习建设战略

依托省职业教育学会，发挥改革发展利益统一体的作用，引领带动各兄弟院校利用相对优势，开展开放性继续教育教学，打造特色服务品牌，建立健全个性化、网络化教学服务体系，满足社会多样化学习和人的全面发展需要。

（四）服务国家"一带一路"倡议

依托国际合作项目，发挥优质教育资源共享体的作用，加快推进人才培养国际化建设，从追数量、求增量的交流活动，向强调质量、注重实效的合作项目转变，开展与英国、新西兰、俄罗斯、韩国高校合作的师生互换交流项目等。

四、质量保障推动持续发展

矢志不渝地围绕人才培养这一根本任务，启动实施质量保障支撑计划，重点在提振师资水平、构建质量保证体系、提升管理水平方面下功夫，让内部质量保证体系"落地生根"。

一要以一流师资保障一流质量。坚持能力提升与学历提升并举、教学水平与学术水平提高并进，通过教育理念提升、知识技能更新、工程实践轮训、国际视野拓展、名师分层培育等，培育师资团队。

二要以教学诊断保证一流质量。制定分层分类、全面多维、突出特色的教学诊断与改进试点实施方案，分段推进教学诊断与改进工作。在专业试点基础上，总结学院、专业、课程、教师、学生各个层面的经验，形成学院层面和各相关部门自主整改流程，在全院各层级质量保证机构逐步拓展。

三要以一流管理支撑一流质量。探索实施分类管理、分类评价的人事管理制度，能上能下、能进能出的聘用机制，以岗定薪、奖优罚劣的分配制度，充分激发人力潜能。突出教学环节管理，制定人才培养过程中关键要素的质量标准，实现教育教学质量标志性数据易采集、可量化。

未来三年，在《行动计划》的有力促进下，学院定会以内涵品质的新提升谋求创新发展，以服务现代制造的新振兴支撑强国之基，以无愧于时代的满意答卷挺起中国工业的脊梁。

第七节　高职院校创新创业教育模式的构建与实践

一、探索构建高职创新创业教育新模式的必要性

（一）创业教育是高职院校人才培养的内生性需求使然

一直以来，管理学派认为创业教育的目的在于培养创业者，使创业者具有创办企业和发展企业的素养和能力，创业教育目标是使学生具有创业能力。教育学派认为创业教育的目的在于培养人的"事业心和开拓心"，使学生具有良好的创业精神、职业态度、职业素养，以促进学生更好地就业。虽有分歧，但管理学派和教育学派对创业教育培养学生创业知识、创业能力、创业素养、创业人格特质的认识是一致的，都认为创业教育是培养人才的必要手段。因此，如何把创业教育纳入人才培养体系，既面向所有学生开展创业素质教育，又面向有创业预期的学生开展创业能力教育，把创业教育和创业实践作为高职院校教育教学综合改革的突破口，深入探索高职教育新模式，是高职教育发展的内生需求。

（二）创业教育是国家创新创业环境及其政策使然

近年来，创新创业活动已经成为我国产业结构调整和产业结构优化升级的驱动力量，而创业教育是推动我国创新创业的重要引擎；创新创业成为我国的社会经济发展战略，而创新创业教育已经成为我国高等教育的主旋律。创新创业和创业教育并举，有其必然的逻辑，创新创业实践需要大量有创新创业理念、精神、能力的人才来支撑，创业教育推动创业实践。高校创业教育是培养创新创业人才最主要的途径。在我国"大众创业，万众创新"发展战略的背景下，探索高职院校创业教育模式，提高创新创业质量，是高职院校落实国家创新创业教育政策和顺应创新创业潮流的使然。

（三）创业教育是克服高职创业教育缺陷使然

虽然我国高等院校创业教育起步晚，高职院校尤其如此，但是目前创新创业教育受到了高职院校前所未有的重视，逐渐成为人才培养的重要组成部分。高职院校的创新创业教育模式还不成熟，同质化现象严重，看似轰轰烈烈，却没有落地生根，还存在教育形式单一、理论与实践背离、教育效果不明显等缺陷。因此，高职院校有必要借鉴国内外成熟的创新创业教育模式，结合高职教育的职业属性和职业教育的目标，进一步探索和优化创新创业教育模式。

基于上述认识，重庆电子工程职业学院开展了"双课融通，四步为营"创业教育模式的构建与实践。学校以优质校建设为契机，深入推进创新发展行动计划的若干项目任务，加大投入建设创新创业基地，优化创业教育资源配置，积极探索创业教育规律，逐步构建起"双课融通，四步为营"创业教育和创业实践新模式。

二、"双课融通，四步为营"创业教育模式的内涵与实施策略

（一）"双课融通，四步为营"创业教育和实践模式的内涵

"双课融通"创业教育是面向所有学生的创业素养教育。创业课程是创业教育的载体，专业课程是职业教育的载体。"双课融通"的实质是消除创业课程和专业课程之间的隔膜，根据学生的需要把创业教育和专业教育融合在一起。"四步为营"是面向在校已经创业或有创业意向的学生进行创业能力教育。"四步"是指创业能力训练的四个环节，即创意激发训练、项目催生训练、成果孵化训练、企业运营管理训练。"营"的本义是军队的驻地，

在这里是指为创业实践基地配置的创业设备、设施和师资，以及对学生施加创业能力训练和创业指导的综合体。所谓"四步为营"创业实践教育模式是指按照军队训练的要求，逐步在创业实践基地，对学生进行激发创意、项目催生、成果孵化、企业运营管理等培训，强化训练学生的创业能力，使学生的实际创业项目或模拟项目能够步入商业运营轨道。作为"点面结合"的创业教育，"双课融通，四步为营"创业教育体系的构建可同时满足学生就业和创业的需求，既培养全校学生自主选择就业岗位的能力，满足绝大多数学生就业的需求，又培养了部分学生创造就业岗位或自主创业的能力，满足少数学生创业的需要。

（二）扎实推进"双课融通，四步为营"创业教育的策略

为了推进"双课融通，四步为营"创业教育，促进创业教育与职业教育的有机融合，重庆电子工程职业学院选择了如下与之相适应的实施策略。

1. 深入分析影响创业教育的关键要素，创建多元化创业教育平台和载体

一是整合校内资源，把"重电众创e家"打造成学生创业实践教育和创业实践的核心平台，为学生提供创业培训和创业指导

服务。二是加强"双课融通",使专业教育从无意识的创业教育成为有意识的创业教育载体,强化专业课程所具有的专业教育和创业教育双重功能。三是加强社团建设,支持社团活动。学校大力扶持创业协会、计算机协会、机电协会、汽车协会、管理协会等创新创业和专业社团,社团长期举办创业沙龙、创业讲座、知识竞赛、技术下乡等丰富多彩的活动,营造了良好的校园创业文化氛围,激发了学生的创业潜质和创业热情。四是积极参与和举办创业竞赛和职业技能竞赛。我国高校创业教育起源于清华大学主办的创业大赛,创业大赛在创新创业教育中发挥了不可或缺的作用。职业技能大赛是我国职业改革的重大成果,是职业技能培养的重要手段。虽然创业大赛和技能大赛的形式和内容不同,但都是理论教学和实践教学的连接平台,都能训练学生的项目策划能力、锻炼学生的意志和激发学生的潜能,是院校培养学生创业能力和就业能力的重要载体。学院不仅积极承办和组织学生参加国家级、省市级的创业大赛和职业技能竞赛,而且在校内举办跨学科创业方案设计大赛,工科类专业和管理类专业学生混合组队参赛,设计的创业方案既包括产品设计,又包括企业组织架构、管理制度、资源配置、市场定位等内容,不仅促进了学生之间交流与学习，而且有助于学生完善创业知识结构。五是开设创业讲坛。聘请创业教育专家、政府官员、创业者、本校创业教师举办各种形式的讲座，传播创业知识，分析创业案例，解析国家创业政策，分享创业经验。六是引入GYB和SYB创业培训，按照联合国劳工组织开发的标准培训方法体系，组织学生培训和认证。七是倡导和鼓励学生勤工俭学和社会实践，学生在不断与雇主谈判、与顾客或民众交流过程中，培养自己观察社会和捕捉"商机"的能力，使社会实践成为培养学生创业精神和能力的有效载体。八是积极参与人力资源和社会保障部组织的职业核心能力培养和考评工作，在培养了学生核心能力的同时，也培养出一支具有职业核心能力训练和考评的教师队伍。

2. 健全创业教育保障措施

一是争取获得政府支持。科技部、重庆市科委、重庆市教委、沙坪坝区政府等以奖励的形式，为学校创新创业基地建设投入资金215万元，沙坪坝区政府提供500万元的风投资金。沙坪坝区政府协调工商、税务等部门共同制定15条扶持学生创业的政策，安排专人定期到学校创业基地调研学生创业状况，及时解决学生创业遇到的困难。二是深化校企合作。引入深圳普乐创投投资管理公司，公司投入500万元创业基金，专业化指导和管理创业项目，成为学生创业项目真正的孵化器。三是学院高度重视。在资金非常紧张的情况下，投入创新创业基地更新改造、设施设备购置等资金近800万元，投入种子资金200万元。学校依托"互联网+"，把学院的创新创业园、产学研中心，以及二级学院的教师工作室、应用技术研究所等资源整合到创新创业基地，使基地不仅具有创业经营场地管理、政策指导、工商注册、项目策划、管理咨询、融资、技术鉴定等综合服务功能，还具有完善的创业培训功能，成为集创业教育和创业实践于一体的综合平台。学校从教师队伍建设、绩效分配、人才培养方案、专业课堂教学和实践教学、学生学籍管理、学生活动、学生社团等方面制定了一系列与创新创业教育相关的政策，以落实学院的"双课融通、四步为营"创新创业教育方案。四是加强校园创业文化建设。弘扬创业精神、宣传学子的创业历程和回馈母校的感人事迹、树立创业榜样，激发学生创业潜质和创业热情。

3. 加强"双课融通"教育，深化创业教育的内涵

职业教育隐含创业教育是一个客观存在的事实，但是对于教师和学生来说，隐含在职业教育之中的创业教育属于无意识的创

业教育范畴，教育效果难以评判。"双课融通"就是要通过教学制度、人才培养方案、教学计划等纲领性文件来保障和固化专业教学的创业教育功能，使专业教学隐含的无意识创业教育转变成有计划的教育，放大专业教学的创业教育功能。"双课融通"是一个人为控制而非自然的过程，通过控制使创业教育与职业教育融为有机的整体，使专业课程教学中隐含的创业意识、创业精神、创业人格特质等隐性创业知识教育落地生根。具体来说，通过以下四个方面来实现"双课融通"。

（1）深化教学制度改革，固化"双课融通"创业教育模式。

把创业教育纳入人才培养方案、课程体系、课程内容体系、课程教学大纲，并以教学制度的形式固化。按照创业课程的属性不同，划分为隐性创业课程和显性创业课程，不同属性的创业课程融入专业课程的方式也不同。显性创业课程只是纳入专业课程体系统一安排教学，仍然保持课程本身的完整性和独立性。其中，"大学生创新创业教育"作为公共必修课程，所有学生必须学习；企业营运管理、风险评估、经济活动分析、商业计划、市场调查、公司章程等课程作为公共选修课程，学生根据自己的意愿选择。隐性创业知识主要包括创业意识、创业精神、创业人格特质等，其载体是隐性创业课程。我国《教育大辞典》把隐性课程解释为"学校政策及课程计划中未明确规定的、非正式和无意识的学校学习经验"。这只能说明隐性创业课程难以有计划地开展教学，但并不能说明学校无所作为。通过积极的强制措施和学生的自主意识，使学生对隐性创业知识从无意识获取转变为有意识获取。这是"双课融通"创业教育的精髓。

（2）深化教学方法改革，强化专业教学的创业教育功能。

把创业课程融入专业课程，并不是在专业课程中教授创业知识，而是专业课程教学过程中，教师的言行、品德、教学方法等对学生创业意识、创业精神、创业人格特质形成潜移默化的影响。一方面，改革课堂教学方式。传统的灌输式教学方式和考核方式都是以教师为中心，忽视学生的主体地位，学生只能被动地接受知识和机械地记忆知识，弱化了学生的人格培养。摒弃传统的教学方法和考核方式，在教学中广泛运用探究式教学、项目教学、启发式教学、问题教学、案例教学等方法，以问题为导向，以自主探究和合作解决问题为手段，设计教学方法和开展教学活动。这些教学方法都有共同的特点，营造民主、平等、合作的教学环境，增强学生的主体意识，发展学生个性，提倡合作教学，有利于学生的自尊自信、合作宽容、交流沟通、责任感等人格品质的形成。另一方面，全力推进基于全价值链的校企联盟，加强专业实践教学改革。依托产业价值链的龙头企业，建立校企联盟组织，建立与企业对接的专业实践教学基地，创设真实的工作环境，按照企业的生产经营方式，配置生产要素、布局实训现场、制定管理制度、设计实训流程，以项目或任务驱动实践教学。实践教学制度规定顶岗实习学生，必须深入了解所在企业的发展历史、组织结构、管理特点、产品特征、市场竞争态势、发展趋势等，并把对企业的认识融入实习报告。学生通过专业实践学习，能够直观地认识企业组织和生产经营的基本特征，获得生产或经营管理的经验。

（3）加强教师队伍建设，规范教学过程，发挥教师的创业教育功能。

教师是学生认知学习的主要对象，是学生获取隐性创业知识的重要来源。教师不仅是专业知识和专业技能的传播者，还是学生的导师和学习榜样，对学生价值观和人格品质的形成都有巨大的影响力。建设一支优秀的教师队伍是实施"双课融通"创业教育的基础。学校通过招聘、外聘、校企合作，建立专兼职教育教师队伍；通过岗前培训、课程轮训、骨干研修等，培养教师的教学能力；支持教师创业和挂职锻炼，培养一支有实际创业经验的教师队伍。通过培训或锻炼，创业教师和专业教师不仅具有丰富的专业知识和扎实的专业实践能力，更具有优秀的师德师风和富有感染力的教学水平，增强教师把创业隐性知识外显的能力。在教学过程中，教师通过情感浸润、交流互动、精神激励等方式，激发学生学习的自主意识和自主性。教师对学生晓之以理、动之以情、教之以严、导之以行、授之以渔，使学生懂道理、明事理、通情理、知伦理，培养学生的沟通能力、适应能力、道德感、责任感等。教师的教学作风、政治态度、思维方式、为人处世乃至举手投足无不潜移默化地影响着学生成长。教师积极认真的教学态度、严谨的教学逻辑、灵活的教学方法，有助于学生理解知识、记忆知识和掌握学习方法，激发学生的求知欲和好奇心。

（4）实施"四步为营"创业实践教育，培养创业人才。

虽然高职院校创业教育的根本宗旨不是培养每个学生创业，但是必须培养一大批创业人才，为自己和社会创造就业岗位。学校借鉴国外商学院创业人才培养经验，组织项目创意激发训练营、项目策划训练营、项目培育孵化训练营、项目运营管理训练营，针对具体的创业项目，强化训练学生的各项创业能力。

三、"双课融通，四步为营"创业教育探索、实践的效果

重庆电子工程职业学院经过多年的探索和实践，"双课融通，四步为营"创业教育取得可喜的成绩，近年来有1891名学生获得GYB和SYB创业资格证书，累计建设214支创新创业团队，孵化128个创业项目。学生获得专利63项，其中11项发明专利实现了技术成果转让。学生参加省级及以上创业获奖65项，其中国家创业大赛金奖和一等奖6项。涌现了一批优秀创业者，如杨成兴2015年被评为"中国大学生创业英雄10强"，2016年获"十大中国大学生年度人物"的荣誉。他创办了重庆兴狼科技有限公司和成都浩聚仁智网络科技有限公司，并用自己"万用架杆器"专利技术入股成都渔乐江湖科技有限公司，杨成兴的创业事迹受到媒体的广泛报道。由于学校创新创业和创业基地建设成绩突出，近4年来连获殊荣和奖励：2014年学校的创新创业园成为"重庆市大学生创业示范基地"、2015年学校被教育部列入50所"全国毕业生就业典型经验高校"、2015年学校的"焕智机器人创客创新基地"成为"重庆市众创空间"、2016年学校的"重电众创e家"被评为"科技部众创空间"和"重庆市高校众创空间"、

2017年学校被教育部评为50所"全国创新创业典型经验高校"，共获奖励215万元。

第八节 高等职业院校差异化定位：技术论的视角

一、定位分析框架

建立高职院校的定位分析框架应首先解读定位的内涵与本质。有关高校定位内涵的代表性观点主要有：一是位置说，高校定位就是在所属的社会系统、子系统中确立自身的位置以及自身包含的各要素的优先位置；二是观念理念说，高校定位是高校办学者的教育理念的集中体现，反映了办学者的办学愿景，是在办学者个人经验基础上的深思熟虑；三是战略规划说，高校定位是在分析内部条件、外部环境基础上的战略形成过程，它为高校的发展绘制出航线和方向，提高了成员行动的协调性，具有前瞻性、长期性和实践性等特点。

综合以上几种观点，定位是办学者根据自身内部条件、办学传统，综合分析外部发展机遇与挑战后，在所属的系统中确立自身位置的过程。高校定位是一个复杂系统，涉及众多要素和多个定位主体。笔者在梳理文献的基础上发现，有关高校定位的要素主要包括目标定位、类型定位、层次定位、水平定位、特色定位、性质定位、功能定位、学科定位、人才培养层次定位、服务面向定位等。进一步分析可得知，上述定位要素有层次之分，应分属不同的定位主体，有些是政府行政权力下的事先规定，有些是个体院校自主办学的一部分，有些是定位的条件，有些是定位发展的价值追求与目标结果，不可一概而论，在办学实践中应加以区分。

目前，地方本科院校向应用型转型，发展本科层次的职业教育，那么地方本科院校与专科高职院校应如何协调分工，如何界定、阐释层次上的差异？

首先，我们知道职业教育是工业化和技术发展的产物，技术发展是职业教育发展的根本动力。技术发展所呈现出的新特征与新要求应作为高职院校定位发展的现实基础。

其次，高中后教育的各种类型是社会所需各种人才类型的反映。作为与社会需求具有天然联系的职业教育更是如此。技术发展进步会导致新的社会分工，需要新的人才类型和人才结构，而这又会决定并制约着职业教育结构。因此，人才培养类型定位是不同层次的高职院校差异化发展的关键所在，明确人才培养类型与特征是各高职院校定位发展的核心。

再次，明确了定位发展的起点与核心，在办学实践中还应厘清定位的前提。政府的"分类、分层"引导是高职院校定位发展的前提。高校的定位是分类引导与自身秩序的有机结合。高校定位的考量因素包括自身办学传统优势、国家社会发展需要、纵横向的院校比较等内外环境条件。但是，政府宏观领域的"类型与层次"规定是各高校办学定位的参照标准，也就是说高校定位应在遵循政府机构宏观引导的前提下，明确自身应承担的角色分工，充分发挥主观能动性，形成鲜明的办学特色。当然，政府的"分类、分层"只是一种宏观调控手段，目的是使各高校按照一定的标准形成层次分明、结构合理、相互补充的高等教育结构。高校的定位发展主要是高校主体自身的责任，要进行科学合理的定位应遵守一定的规则，参照一定的标准，而不是盲目定位。

高等职业院校的类型归属有两个层面：院校类型归属和教育类型归属。根据涂尔干和莫斯对"符号分类"和"技术分类"的定义，"教育类型"应是一种"符号分类"，是对教育事实、教育现象、教育事件在观念上的逻辑归纳，反映了人们对事物自身发展的结构分化的认识程度;"院校类型"可以看作是"技术分类",是根据符号分类提供的框架和模式,在实际操作层面对事物之间的种属、并列、层次关系的认识和划分。相比较来说,"院校类型"的定位是表面的、复杂的、动态的,"教育类型"定位则是深层次的、概括的、相对稳定的。根据不同的分类依据和标准,院校可划分为不同的类型。按学科结构可划分为综合性院校、多科性院校、单科性院校等;按经费来源可分为公立大学、民办大学等;按人才培养目标可划分为精英型、大众型、应用型、技能型等;按院校的功能,可分为研究型大学、教学型大学或是研究教学型大学等。目前对院校类型的划分缺乏公认的统一标准,存在交叉重叠、边界模糊等问题。

高等职业院校的"层次定位"也有不同的划分标准,如办学水平的领先、一流等,隶属关系的部属、省属,人才培养层次的本科、专科划分等。

综合以上分析,我们可将高等职业院校的定位由里到外、由上及下分为三个层面:人才类型、教育类型、院校类型。人才类型分类是科学技术发展带来的一种客观结果,教育类型定位是政府教育机构对整个高等教育系统的宏观规划与指导,院校类型定位是更多地体现为各办学机构因地制宜、自主发展的价值追求和行动方案。

二、技术、技能解析

技术和技能是职业教育的核心概念,两者既有质的区别又相互联系、相互渗透,厘清它们之间的逻辑关系,界定好各自的内在层次,能从本源上提高高职院校人才培养的针对性,为不同层次的高职院校的定位发展提供理论依据。

(一)技术要素

技术的表现形态可分为三类:作为客体(人工物)的技术、作为活动的技术和作为知识的技术。技术具有知识的一面,是有关人们改造自然的生产实践的知识,但又不仅限于知识,技术总是要指向一定的人工物,不能凝结为人工物的技术是不被承认的。

第一,作为客体的技术,技术经常与各种生产工具、器械、装置等各种物化的人工物联系在一起,技术的直接目的就是创造各种人工物。这种人工物可以是物质形态的,也可以是非物质形态的。技术既是人们利用自然、改造自然的工具,也是改造社会、改造人类自身的方式手段。人们从事具体的技术活动都是为了特定的目的，解决实际问题。评价技术行为的标准就是各种人工物的有效和有用，是否实现了预期的目的。

第二，作为活动的技术，技术属于人与自然、社会能动关系的实践范畴。技术活动与人的各种行为相联系，可做出清晰辨别的技术活动有设计、发明、制造、改进、操作、维修，这些技术活动主要围绕"制造人工物和使用人工物"而展开。从此角度解析技术，可界定不同层次的高职院校所培养的人才类型的任务分工。

第三，作为知识的技术，技术知识不是科学知识的简单运用，也不是它的延续与分支，技术知识有自身特有的、独立的知识内容、结构、表述方式（默会知识）和评价方式（效用）。把技术看作科学的简单应用抹杀了技术的独立性，也是当下某些高职院校按"学科化理论知识"模式组织教学的病源所在，高等职业院校应按技术建构的世界作为活动场域。技术知识分为三个层面，一是经验、技能，经验主要是人们在各领域的实践中所积累的直觉体验。技能是人们在经验、技术规则指导下，借助于一定的物质手段，在实践过程中表现出的主体活动能力。技能是技术知识的一个重要层面。有关技能的本质在本文的下一部分进行详细的分析。二是技术规则、原理，它是带有目标指向的、普遍性的技术行为序列。三是技术理论，它是关于技术实践过程、操作方法的规律性阐述，是技术规则的理论化。总之，技术知识由一系列行为规则系统构建，是为了实现特定的实践目的的知识组织，包含了所有为实现目的以及与目的——手段密切关联的规则原理，由此看来，技术知识主要是关于 Know—how 的程序性知识。技术知识的层次性表征了不同层次的高职院校应向学生提供的知识内容。

（二）技能的本质、形态与形成过程

技能是技术哲学研究中一个基本概念，探讨技能的本质、技能技术的相互关系以及技能的形成过程，对高等职业院校的人才培养定位具有重要的指导意义。古代的技术主要表现为人们制造和使用工具的技艺和能力，技能是技术的本质属性。随着科学与技术的密切联系与发展，技术由纯粹的经验支配发展为越来越以科学为基础，技术超出了技能范围，其外部联系与内部结构越来越复杂。技术与技能的关系演变可从"技术"一词在不同历史时期的表述上得以验证。技术最早是用"Techne"表示，意指经过训练而获得的技艺、技能，近代则用"technology"表述，从字面上看，它由技能（Techne）与知识学问（logy）组合而成。

技能是人类的技术活动能力，是人们用已有的经验和知识控制自己行为的思维操作活动和动作操作方式的总和。它有两种表现形态：智力技能和动作技能。智力技能表现为主体内在的反应能力、构思能力等，动作技能则反映了主体动作能力的准确性、及时性和灵活性，两者是统一的有机整体，共同作用于外在客体，实现特定的目的。"心灵手巧"是对这两种能力的生动写照。目前，很多高职院校在日常教学中往往只看到了技能的一种表现形态，重视训练学生的动作技能，忽视了智力技能的指导作用。

技能的形成过程大体可分为三个阶段：动作技能的协调阶段、智力技能的深化阶段和两种技能协调统一的技巧阶段。根据英国哲学家波兰尼的观点，人对事物的觉察分为附带觉知和焦点觉知两种类型。在动作技能的协调阶段，行为主体的注意力集中感知客体的大小、形状、速度、动作方式、行动步骤等外在的、机械性的一面，以模仿和掌握动作方式为主进而实现熟能生巧。此时，行为主体对动作之中蕴藏的诀窍、技巧、原理难以顾及，处于附带感知状态。在技能形成的第二阶段，动作技能已基本实现协调，这时主体的集中感知发生了转移，转移到对运动方式的技巧和规律性的理解上了，主体的智力技能不断深化。随着行为主体的外部实际动作和内部思维活动的协调统一，动作操作规则逐渐内化为主体的行动自觉，技能逐渐达到迅速准确、运用自如的"技巧"状态。

（三）现代技术与技能

古代，技术主要表现为技艺与能力；近代，技术主要体现为大机器的生产与操作等人工物形式；随着技术科学化的发展，各种自动化装置、人工智能不断出现，旧工具逐渐让位于独立于人的新工具。人们不禁要问：在现代技术体系中，技能的作用体现于何处，高职院校应如何训练学生的技能？现代技术的复杂性的确改变了技能发挥作用的方式，自动化装置、人工智能转移了人的部分动作技能，动作技能不再较多地体现于机器的操作与使用中，而是更多地体现于技术创新和技术演进的过程中。此外，现代技术对以逻辑能力和分析能力为基础的智力技能的要求不断增多，对人的技术理论层次的要求不断上移。所有这些变化要求高职院校应改变过去单纯训练学生动手操作能力的人才培养模式，应强化学生的信息捕捉和加工能力，提高学生的智力技能水平和技术理论素养。

三、高等职业院校差异化定位的现实基础：技术发展的时代性和系统性

技术建构的世界是职业院校的主要活动场域，技术的发展是职业院校得以产生与发展的根本动力。技术的发展会引起教育模式的改变，埃德蒙·金在《别国的学校和我们的学校——今日比较教育》中提出，技术的发展存在三个阶段，与之相对应的是三个不同的教育阶段或教育模式。分析高职院校的差异化定位，应首先分析技术的新发展和新特征引起的社会分工的变化，以及对学校人才培养的新要求，高职院校的差异化定位一定是立足技术发展的新要求，而不是脱离现实发展的随意定位。

第一，技术的理论化程度不断提高。技术是随着人类改造自然、社会的实践和科学知识的发展而发展的，在不同的历史时期具有不同的表现形式。技术的发展大致经历了古代的经验技术、近代的以机械工具制造和使用为主的实体技术和现代的既包括各种物质手段也包括各种经验、方法、原理、规则、理论的知识技术。现代知识技术是一个复杂系统，在这个系统里各种活动手段、

不同层次、水平的知识以及技术过程的操控交织在一起。在技术科学化和科学技术化的发展过程中，技术的智力成分和理论程度不断提高，技术的这种复杂性和层次性促进了社会的进一步分工，对相关从业人员的理论知识水平提出了更高的要求。

第二，技术进步不断带来新的社会分工。在工业生产系统里，社会分工最明显的变化就是负责将科学理论转化为现实生产力的工程师的工作不断被分解。在以实体技术为主的阶段，工程师把一部分理论要求较低、动手操作较多、需在现场工作的任务分给了技能型人才。在如今的知识技术阶段，为提高劳动效率需要工程师不断升级以实现专门化的精细作业，这样在工程师和技能型人才之间出现了另一类专业人员，即技术型人才。技术型人才负责将工程师的设计运用于实践，转化为能对社会产生具体作用的产品等物质形态，也被称为工艺型人才、执行型人才或中间型人才。技术型人才和技能型人才的社会分工，相应地引起了职业教育的类型进一步分化，即以技术型人才为主要培养目标的"技术教育"和以技能型人才为主要培养目标的"职业教育"（技能教育）。

第三，我国现阶段技术的转型升级。国际上，围绕新一轮工业革命的技术竞争越来越激烈，各国都在抢占技术制高点，技术的创新与升级已成为我国在竞争中获胜的关键所在，而这需要大量的高素质的技术技能型人才。现阶段，调整优化产业结构，实现创新驱动发展，将经济增长方式由主要依靠低成本的要素投入，转移到主要依靠科技进步和提高劳动者的素质的轨道上来，需要具有高超技能、技术知识素养高的、复合型技术技能人才。

四、高等职业院校差异化定位的核心：人才培养类型

人才培养类型，是区分专科高职院校与地方应用技术大学差异化办学的核心与关键。两类院校在人才培养类型方面具有一定的衔接和重合，因此应科学合理地界定两类院校的人才培养类型差异和显著特征，为它们的发展定位提供指导。有人认为地方应用技术大学应以理论学习为主，实践训练为辅；反之，专科高职院校应以实践训练为主，理论学习为辅。这种"理论与实践"泛泛的划分不能深刻揭示两类院校人才培养类型的差异。其实，技术理论有深浅的层次之分，技能活动有高低之别，它们的层次性可以作为技术技能人才培养的重要依据。

那么，"技术技能人才"和"应用型技术技能型人才"在技术知识层次方面有什么差异？在技术活动中的分工有什么不同？

其创新能力分别体现在哪些方面？这都需要从技术技能本质上寻求理论依据。

第一，从技术知识的层次看，"应用型技术技能型人才"应掌握丰富的技术理论知识，同时也应了解一些技术原理、技术规则等。地方应用技术大学应按知识载体组织教学，提高学生的技术理论水平，唯有掌握丰富的技术理论，才能将理论联系实际，提高理论的应用能力，否则巧妇也难为无米之炊。但应用型技术技能型人才的理论技术水平不必达到工程型人才的高度，它更强调理论技术在实际情境中的应用，在解决现场实际问题中的应用。也就是说，应用型技术技能型人才应将技术理论与实践应用结合起来，不仅知道怎样做，而且懂原理，这样才能提高技术转化的自觉性和科学性，提高实践能力。

"技术技能人才"应掌握丰富的技术原理、技术规则，同时也应注重积累技能经验。技术原理、技术规则是对技术应用过程中操作行为的描述与记载，理论化程度不高，多为事实性知识。相比较来说，技术理论多为概念性知识，具有一定的普遍性和抽象性。技术原理、技术规则与生产服务密切相关，与特殊的实际场景相联系，具有特殊性、情境性和个体性。专科高职院校在强调学生从"做中学"获取实践经验的同时，应向学生传授相关的技术原理知识，将外显的动作操作内化为一定的智力能力，有利于规范学生的动作技能操作，强化学生的技术迁移能力。

专科高职院校除了向学生传授可以用文字、公式等媒介表征的技术原理外，还应注重让学生从实践中积累默会知识。默会知识依赖个体在实践中的观察、体验和敏锐的洞察力，是一些只可意会不能言传的高度个人化的直觉经验，如钢琴的触键、烹饪火候的掌握。默会知识是技术技能型人才高超技艺、精湛技能的显著标志，所以专科高职院校应注重培养学生的动手操作能力，但也不应忽视技术原理的传授。

第二，从技术活动来看，在技术研究、开发与应用的整个过程中，应用型技术技能型人才主要承担"开发到应用"环节中的任务，负责将工程师的设计、规划转换为具体的物质形态。在开发到应用的环节中进行技术规划，提供技术保障，将工程技术原理转化为现实的生产力，是现代技术的应用者和实施者。技术技能人才主要承担"应用"链条上的任务，如加工产品的零部件、操作机械、装配产品、设备维修等。

第三，从技术创新来看，两类人才的技术创新模式是各有侧重的，应用型技术技能型人才以"现象发现"模式为主，而技术技能人才的创新能力主要来自技术的"日常改进"，这两类模式都不涉及特别深奥的科学理论和重大的社会需求。应用型技术技能型人才在技术转化的实践中会遇到各种技术现象、事实发现或技术缺陷等，他们可以有意识地将某一缺陷转移到技术理论、技术原理的构思中实现技术创新发展。技术技能人才在日常的技术使用过程中，以问题为导向，依靠自身积累的经验知识，发现技术的新应用或是将现有技术的要素重新组合，进行技术的渐进式改进或细枝末节上的适当完善。当然这两种技术创新模式并不是对立的，而是有时是相互交叉与重叠的。不同层次的高职院校在培养学生的技术创新能力时，可以进行适当的选择和倾斜，有针对性地培养学生创新意识和能力。

第四，从技能形成过程来看，应用型技术技能型人才的实践过程以概念化活动为起点，此时行为主体集中感知技术理论、技术原理的实际应用问题，是将内在的以观念为载体的概念化活动不断转化为外显的以动作行为为载体的身体化活动的过程。智力技能在应用型技术技能型人才的实践活动中发挥主导作用，"动脑动手"可通俗地概括此类实践活动。技术技能人才的实践过程以身体化活动为起点，此时行为主体集中感知动作行为的熟练、连贯和协调，动作技能起主导作用。在反复练习中，行为主体不断将外显的操作行为内化为言传知识和默会知识。随着动作连贯性的增强，动作技能与智力技能实现了内在的有机结合，实现了技术规则对动作技能的自动调节，客观规律也不断转化为主体的主观认识。这两种实践活动的阶段性差异决定了两类院校人才培养过程的差异，在实际教学中应注意知识的呈现顺序和衔接性。

五、高等职业院校差异化定位的前提：教育类型归属

2014年颁布的《国务院关于加快发展现代职业教育的决定》指出，应发展本科层次的职业教育和专科层次的职业教育。《现代职业教育体系建设规划2014—2020年》以及《高等职业教育创新发展行动计划（2015—2018年）》对专科高职院校和地方应用技术大学的教育类型均做出了明确的界定，即都属于高等职业教育，两者同"类"不同"层"。为更详细地阐释高等职业院校之间的分工差异，有必要对"高等职业教育"的下位概念进一步分解。教育类型的划分标准虽然仁者见仁、智者见智，但它总是以特定的人才类型培养为根本依据，教育类型总是以"具有一定

结构和内容特点的课程计划"为载体。

根据目前较流行的人才划分标准，人才大体可分为学术型、工程型、技术型和技能型。我国学者普遍把以培养技术型人才为主教育定义为"技术教育"，把以培养技能型人才为主的教育定义为"技能教育"（职业教育）。这一划分标准与1984年联合国教科文组织颁布的《技术和职业教育术语》的划分标准较为一致，该标准第八条条目为"技术教育"（Technical education），第九条条目为"职业教育"（Vocational education）。在条目释文中提出技术教育的培养目标主要包括技术员（technician）、技术师（technologist）等技术型人才，学习内容包括通识教育，理论的、科学的和技术的学习以及相关的技能训练。职业教育的培养目标以技能型人才（skilled personnel）为主，注重实践训练。

教育活动是以文化，特别是知识为中介在现实中展开的建构性活动，教育建构性活动的媒介是教育类型的重要标志。技术具有理论技术、技术原理和经验技术的层次之分，有制造和使用技术手段的活动领域划分。技能形成具有动作技能的熟练阶段、智力技能的深化阶段和动作的技巧阶段的划分。以此为出发点可以得出，技术教育以理论技术、技术原理及其在实际中的应用为主要建构媒介，技能教育以技术原理、经验技术、智力技能与动作技能的协调能力为主要建构媒介。技术教育和技能教育是两种不同的教育类型，在承认各自相对独立性的前提下，应推动两类教育类型协调发展和相互贯通。

六、高等职业院校定位的实现：差异化优势

杰克·特劳特认为，所谓定位就是令自身与众不同。高等职业院校定位的实现应以获得差异化优势为目标。首先，差异化是基础，地方应用技术大学与专科高职院校的人才培养类型不同，所实施的教育类型不同，在办学定位中各类院校应明确界定各自的人才培养类型和教育类型，确立自身在高等教育系统中的生存与发展空间，避免落入同质化窠臼，模仿办学。为了突出差异化，各高职院校应使人才培养模式、课程设置等符合自身教育类型的规律与特点，这是各学校获取竞争优势的基础。其次，优势是目的，各高职院校应立足差异化基础，合理配置资源，充分抓住外部发展机遇，找准定位，在各自生存空间内将差异化凝结为独特的办学优势，为学校的可持续发展奠定基础。

不同类型、不同层次的高职院校都可以在各自领域内获取差

异化优势，无须盲目追求高层次。差异化优势是差异化基础上的竞争力量，与办学特色不同。办学特色未必就是一所学校的办学优势，办学特色有时是指学校的办学特征、办学类型等，如师范教育是所有师范类院校的特色，但并非所有师范院校能将师范教育特色发展为竞争优势。差异化优势意味着该高职院校在高等教育系统中占据独一无二、无可取代的地位，很难被模仿与复制。

第四章　推动教育治理的现代化

教育现代化是国家现代化的基石，没有教育现代化就没有国家现代化，教育治理体系与治理能力现代化是实现教育现代化的核心目标和要求。

大数据、云计算等技术推动教育治理走向更加现代化的未来，具体可以归纳为以下四个变化，我们也能从这些转变中窥探智能时代学校的教育治理。

第一节　治理理念：从管理到服务

拥抱学校智能时代，要提高智能现代化水平。首先，转变观念，理念先行。面向未来，科技势必越来越发达，如何以人为本？科技越发达，人文更加重要。不能被科技绑架，要转变思路，利用科技。正如祝智庭先生所言："教育要有定力，定力来自人，技术只能在教育变革中起到推动作用而不是引领作用，因为推动就像我们用卡车的四个轮子驱动，掌握方向的还是人，正确的理念、价值观是非常重要的。"

"用户至上，体验为王"是互联网思维的典型代表。"以人为本"的理念早在2003年就已经出现在《中共中央关于完善社会主义市场经济体制若干问题的决定》中，作为当代科学发展观的基本理念，在每个领域都受到广泛认同，多年来在实践中逐步落实，但是在教育中的落实情况还不算理想。失去人性的教育将人先验化、格式化、储备化，其所培养的人表现为均质化、共质化，不仅伤害人格，而且压抑人的自主性和个性发展。其实，人的天性通过教育会越来越好地得到发展，而且人们可以使教育具有一种合乎人性的形式。

现代化的教育治理要求治理主体不能只管自己的一亩三分地，要以人为本，创造性地从管理走向治理。

一、打造教育公共服务体系

互联网可以促进教育服务的开放,同时能让多方力量一起联动。教育资源与服务的提供方不仅有学校,还有企业。现代社会的各类网络化工具,可以拓宽教育资源生成渠道,加快资源传播速率,有利于建立面向全社会的教育服务供给统一战线。开放的教育服务需要完善共建、共治、共享的教育公共服务体系,建立科学的准入、评价、监管规范,充分利用网络在信息共享、数据融合、业务协同和智能服务方面的优势,加快多元利益主体间的协作与互补,打造政府、社会等多主体共同参与和协作共赢的教育发展新模式。

二、提供精准的适性服务

我国各级各类教育虽然取得很大发展成果,但教育公平、择校热等问题依然存在。2016年"两会"期间提出教育供给侧改革,其核心在于扩大优质教育资源供给,优化教育资源配置,给受教育者提供更多、更好的教育选择。单纯供给的模式已经不适合当前社会大众对教育的需求,教育的供给端和教育的接收端需要交互,学校和社会教育机构应注重教师、家长和学生的需求。推动教育管理从单一的管理方式向精准的适性服务转变。精准的适性服务应立足于个体的需要，提供高质、按需、动态的教育供给与服务。

第二节 治理依据：从基于经验走向基于数据

人类社会将进入智能时代，数据将成为社会治理的重要依据。大数据能够分析个体与群体、偶然与必然、孤立与联系、主观与客观等一系列复杂因素之间的内在联系，有利于开展中心、分类和协同治理，促进治理思维转变与管理流程再造，推动治理主体向服务型转变。提升大数据作为治理依据的价值已经成为各治理主体的内在需要和必然选择。教育治理需要抓住大数据发展的有利时机，深入推进信息化，全面提升教育治理能力，充分利用大数据推动教育治理能力现代化和决策科学化。

长期以来，教育决策往往是基于部分抽样或个案试点的方式进行推断和预测。这种治理方式有两个弊端。首先，很难辨别不同群体和群组之间教育治理需求的差异性；其次，很难分析和权衡不同地区的特殊情况。大数据能为教育决策提供近似"全样本"的数据基础，为生成最优教育决策方案奠定基础，有利于引导政府部门提供更加具有个性化的教育服务。

在学校智能时代，基于数据治理将逐渐从理想转变成现实。大数据能够促进决策科学化和治理过程精细化。目前实现基于数据的教育治理基础已经逐渐走向成熟。当今的学生是数字时代的原住民，他们生活在智能终端、物联网快速发展的环境中，在线社交、学习、购物、娱乐是生活常态。此外，随着教育信息化的发展，各级各类教育系统逐步建立统一身份认证制度，海量、及时、准确的教育大数据正在形成，基于数据治理的关键性前提越来越成熟。通过适当的智能分析软件和数据挖掘技术，教育大数据将对治理发挥重要作用，提高治理的科学化和现代化，治理过程更科学、客观，也能更好地提供教育服务，提高教育质量。

（1）大数据具有近乎全样本特征，将避免局部数据和抽样数据的片面性问题，有助于把握整体性需求。

（2）大数据技术有助于打破数据禁锢，不仅能打破信息孤岛，将数字转化为数据，让其发挥价值，还有助于将教育问题放置在更大的社会网络和数据基础上，提出更完善的解决方案。

（3）决策可以不再是主观判断、凭经验，数据分析精准、高效、可视化，提高决策的科学性、合理性，同样提高教育治理的有效性和透明度。

（4）大数据不仅可以洞悉过去、了解当下，经过适当的分析，也能够理出一定的发展规律，从而预测未来，有利于对潜在性问题进行预警与提前规避。

第三节　治理体系：
从垂直分工走向扁平化、网络化

马克斯·韦伯（1864—1920）定义的科层制无疑是一个伟大的发明。工业经济时代，科层制几乎是组织的同义词，是企业获得效率的最佳载体。在纵向上，成员之间有着严格的等级制度，低层级受制于高层级；在横向上，依据亚当·斯密的分工理论，严格规定每位成员的明确分工。组织像一台大型机器，严密的等级秩序（纵向）和清晰的部门界限（横向），让每个组织成员职责固定且明确，人被异化成"人肉零件"，既精准又有序。随着政府职能和权力的扩张，典型的科层制结构（或称官僚制结构）形成并普及至社会各个领域，涵盖教育领域，政府通过强有力的行政权力干预教育以实现国家利益，逐渐形成以"教育控制的科层化"为基本特征的公共教育体制。科层制是工业化时代的产物，它在信息时代暴露、放大、衍生出越来越多的弊端。原来保证效率的条条框框变成阻碍发展、创新与变革的绊脚石。科层制使人异化，人变成组织机器的一部分，像卓别林在电影《摩登时代》中拧螺丝。互联网思维的精髓是人性的回归，科层制显然与其背道而驰。同时，以"教育控制的科层化"为基本特征的公共教育体制，不利于政府与社会公众之间进行互动、协商与合作。

时代正在向多元化发展，单一治理主体已经不能满足时代需求，来自社会各界的力量逐渐成为治理主体的重要组成部分。在兼具复杂性与不确定性的时代，治理模式应当是合作式而非独占式，治理体系应当是融合多方力量的行动者体系，它的形态不再是线性垂直，而更趋向于扁平化和网络化。智能时代的学校治理将是多主体参与的共建共享共治，组织体系将从科层制下的垂直分工转向网络化与扁平化。从宏观层面而言，教育治理结构是政府、市场、社会"三位一体"。政府、市场、社会之间的整体协调状况直接关系教育治理体系的现代化水平，呈现的是一种多元治理主体的互相信任、整体协调、相互啮合及集体行动的最佳状态。从微观层面而言，治理主体也将从单一变为多元。

治理来自政府、市场、社会多个领域的多元主体，进行多中心和多角度的治理，要求治理结构必须突破等级森严的传统模式束缚，向信任、合作、互惠的网络治理结构转变。能够适应复杂、多变的任何环境的组织，其内部单位必须具备"自治""关联和变革"等一系列基本要素，这就要求组织单位与成员拥有自主决策的权利，能够根据环境的变化对自身行为作出快速调整和变革。

第四节　治理过程：从"静态"走向"动态"

长期以来，教育治理更多的是一种静态的"谋而后动"而非动态的"随动而谋"。随着时代变迁，新的情况出现了。《第二次机器革命——数字化技术将如何改变我们的经济与社会》一书中有一张人类最近1万年的社会发展进程图，人类在公元1800年之前的9000多年中，社会发展极为缓慢。工业革命开始后，人类社会发展进入快车道，近几十年的发展相当于过去几千年的发展，到了信息化时代，该曲线已无法表示社会发展之神速，此时10年、8年就相当于过去上千年。随着时代的快速发展、快速变化，高不确定性将成为常态。教育治理将面对更加复杂、多变的环境。面对新的情境，教育治理将走向动态化。教育治理依然是一个服务教育发展的过程。互联网赋予服务的新含义是：全天候的每时每刻、无缝隙的网上网下、无分工的全员行动。这一新的内涵发展要求治理的过程必须是动态的、适应的。

1. 治理者动态化解决问题

学校智能时代的教育治理不是等问题出现了再采取措施加以干预，而是有一整套动态的"预警→干预→纠偏"机制。在我国教育信息化发展过程中，已经产生并将继续产生大量的数据，这些都是教育大数据的来源和实施教育治理的基础数据。与传统数据时代相比，大数据使教育行政组织所采集的数据的深度、广度及细分度不断延伸。当前，制约教育大数据发挥价值的一大关键因素是大数据分析技术尚未取得突破性进展及大数据分析人才的匮乏。到了学校智能时代，随着这一难题得到解决，教育大数据必将发挥巨大价值，将对教育产生革命性影响。大数据技术能够帮助教育治理提前预测问题或者发现新问题，并提前做好应对准备。

2. 治理者创造环境，让组织成员自己解决问题

教育治理是多元主体共同管理教育公共事物的过程，它呈现一种新型的民主形态。单一的管理主体既不能应对高度不确定性

所带来的种种挑战，也不能实现社会资源利用的最优化。治理的本质是提供一种多方自由参与的公共事务的治理方式，去中心化，鼓励教育主体主动地应对变化。

第五章 智能时代高校教师教学能力提升策略的研究

第一节 智能时代高校教师教学能力提升策略的形成

一、高校教师教学能力提升策略形成的内因

高校教师教学能力提升效果和教师个人内在因素有着密切的联系，教师个人的知识素养、能力素养以及身心素养等，都关系着教学能力提升的效果以及如何建立教学能力提升策略。

（一）知识水平的影响

高校教师是高校教学建设的基础，高校教师的专业知识对于高校专业建设有着重要意义。但是随着时代发展，高校教师的知

识水平已经不仅仅是专业知识，高校教师的知识水平应该具有三个层次：一是具备跨学科的科学素养和人文素养；二是具有教学能力，可以开展教学活动；三是对学科专业有深入的研究，对于学科的历史和发展有所了解。作为智能时代下的高校教师，必须具有这三个层面的知识水平。

（二）能力素养的影响

培养人才是高校教师的职责，教师个人的能力对人际关系有着重要的影响，高校教师建立良好的人际关系，可以在教学和学术研究上都取得良好的成果。在良好的人际关系当中，高校教师可以获得人际资源所提供的力量。建设学术环境、提升能力素养，教师个人的学术视野和学术理念都得到拓宽和更新。在这种环境下，高校教师的创新能力和创造性思维才能发挥作用。所以，高校教师不仅要具备学术研究能力结合高校教学能力，处理人际关系能力也是高校教师应该具备的。特别是在智能时代下，人们获取知识信息的途径越来越方便。而高校教师由于在高校工作，从事相对单一和独立完成的工作，缺少人际交往的机会。特别是具有强烈自尊心或是倾向于独立完成工作的高校教师更是如此。每一个人都希望可以获得他人的平等对待，可是高校教师由于担任的是高校学生专业发展和思想成长的引导者的角色，所以在与他人接触时往往会不自觉地带有一种强势，待人接物方面不够圆融。其实高校教师也与其他人一样，希望获得性情相投的朋友。纯洁的友谊是人人都向往的，但是通过深入认识交往，发现对方在某些方面并不是自己所期待的，就会对人际交往产生挫败感，导致个人在渴望交往和自我封闭之间徘徊，具有这种矛盾情绪的双重性。高校教师与人交往，建立良好人际关系的能力是高校教师适应社会生活的能力体现，通过与他人的接触，获取更多的信息，找到与自己志同道合的朋友，最后建立核心的人际交往氛围。

高校教师的教学能力是高校教师实现培养人才这一工作目标必须具备的基础能力。对于高校教师来说，教学技能是可以通过学习与练习建立属于自己的教学行为系统。高校教师的教学行为系统包括教学设计能力、课堂教学能力、作业检验能力以及专业指导能力等。这些都是教师所必须具备的基本技能，是实现高校教学创新和发展的基础。当前我国高校教师队伍当中，相当一部分教师并不具备师范类教育背景，没有接受过系统的教师职业能力训练。这样的教师虽然有着优秀的教育背景，但是并不熟悉教学工作，不了解学生，更不知道如何规划一堂课程。教学技能难以满足教学需求的教师就难以满足高校的教学需求，必然会影响高校教师队伍教学能力整体水平。高校教师队伍的这种现状也决定了高校必须重视高校教师教学能力的发展。

高校当中各个院校专业在科研方面的水平，将会直接影响到高校的办学能力和综合影响力。另外，高校科研能力对高校教师能力的提升也会起到重要的作用。高校教师在科研工作当中需要具备沉稳的心态，专心研究切勿急功近利，这种沉稳的心态不仅仅是科研所需要的，教学工作也同样需要。高校虽然要为社会服务，但是高校教师不能在学术中做到长久持续钻研，最终难以获得成果。另外，随着学术研究和教学工作的深入，高校教师往往会产生自卑的心理，特别是对事业刚刚起步的青年教师来说更是如此，主要的原因是教师觉得自己的专业知识不够深厚，难以在学术领域进行深入研究。不论是浮躁还是自卑的心态，都会影响教师在教学和科研工作中的工作效果。高校教师只有不断完善自己的专业知识结构、提升教学能力和调整积极的状态迎接高校教学改革，才能够在智能时代下的教学要求中立足。这也是高校教师必须提升教学能力的时代要求。

（三）心理素质的影响

高校教师拥有健康的身心状态，才能更好地投身于高等教育事业当中。中青年高校教师是高校教师队伍当中的生力军。当前，我国高校当中75后和80后成为教师群体的主力。这些群体有较强的学习能力，对新事物有着很强的接受能力。中青年教师群体普遍对生活有更高的追求，希望能够在职业生涯当中创造更多的成就。当前，中青年教师在外兼职成为较为普遍的现象，兼职工作会分走教师一部分的精力和时间，有些教师甚至忽视了高校的本职工作而忙于兼职工作，影响了高校教育工作的落实。不过，从另一角度来看，能够承担兼职工作表明教师能力受到社会认可，有更多的精力去获得经济收入来提高生活水平。更重要的是，兼职工作让高校教师有了更多的实践机会，建立更多和社会交流的机会，对高校教师来说是重要的累积。高校教师在高校工作与兼职工作之间做到平衡，是高校教师必须处理好的问题。

高校教师并不都是一帆风顺的，每一位高校教师都有各自不同的人生经历。随着社会发展，物质生活水平也在日益提高，高校教师特别是中青年教师承担着较大的生活压力，这就对教师的心态造成了不良的影响。当前，我国中青年教师当中，特别是青年教师大多为独生子女，成长环境相对优越，这就导致这些教师在做事或考虑事情时容易以自我为中心。这样的心理影响下，教师在工作当中就以自我为主，无法与他人建立良好的联系，缺乏团队意识，同时，这种心态下教师的心理承受能力也较弱，在一定压力下会产生沮丧或放弃的负面情绪。另外，过于以自我为中心，在高校教学当中，教师容易出现一言堂或自说自话的情况，忽视学生的反馈情况；在这种心态下教师会傲慢、目中无人，在向他人讨教学习时没有谦虚的态度。所以，高校教师需要建立健康的心态。这表明，高校教师教学能力的提高不是单纯的教学能力提高，还需要教师各方面得到提高。

二、高校教师教学能力提升策略形成的外因

实现高校教师教学能力提升这一目的，不仅仅要做好自身，还需要多方面因素的支持。高校教师教学能力提升策略的形成也有其外部因素。从外部因素来看，高校教师工作、生活的环境以及社会环境等都在每时每刻地影响着教师，推进外部环境的建设，有利于教师教学能力的形成。

（一）高校环境对教师教学能力提升策略形成的影响

当前，我国高校都在发展自身的文化特色，高校积极打造适合自身的重点学科。由于高校有各自的特点，同时拥有的资源也不同，因此不同的高校也承担着不同的社会期望，面向社会输送着个性不同的人才。高校教师作为高校的职工，必须遵守高校的管理制度，并且受到高校政策、文化氛围以及员工薪资待遇方面的影响。这些影响对于高校教师自身的成长都非常大。

高校推行的政策直接影响着教师，高校建立可行的教师培训制度可以给教师提升教学能力提供支持和信心；相反，推行制度不合理，必然影响教学能力提升策略的形成。所以，两者有着最为直接的关系。在传统高校管理模式下，高校对教师的培训方面投入不足，没有引起足够的重视。随着智能时代的到来，我国高校越来越重视对高校教师教学能力的培养。部分高校已经建立教师发展机构对教师进行服务，以满足教师提升教学能力的需求。而有效的措施和策略是以高校政策制度建设为前提，高校管理者应是最了解教师需求的，高校管理制度将以人为本作为基本思想，关注教师的发展需求，这就促使提高高校教师教学能力策略十分人性化，科学化。高校建立的发展平台将影响高校教师教学能力提升策略形成。传统人力管理方面，高校教师职称评定、职业进修等都需要凭资历长短，而将能力放在后位。要适应时代发展，高校必然要扭转师资管理理念和方式，教师教学能力发展平台必然要建立完善，在教师激励制度和培养进修方面将以教师能力作为衡量标准。传统人力管理模式都是高校花重金引入高学历、高职称的人才，可是真正在入职后培养出人才的情况却较少。智能时代下这种方式显然行不通，为教师教学能力的提升提供便利，培养本校人才才是根本大计。高校为教师提供的环境另一种方式就是高校文化氛围。高校文化氛围不仅影响着高校学生个人思想素养和个人行为的塑造，而且高校教师在高校文化氛围当中也受到影响，不论是行为还是心态都会有所变化。随着时间的推移，高校文化会愈加深厚，最后形成属于高校独有的文化特色。但是，并不是所有的高校都有着悠久的历史。其实，建立高校文化氛围不仅仅取决于高校的发展历史，更重要的是和高校的风气有更大的关系。教师队伍教学能力提升、教师队伍综合素质提升必然会推进高校文化氛围的发展。所以，高校教师教学能力提升策略的产生，必然带来师资队伍能力的提升，而策略的产生必然会受到文化氛围的影响。教师能力与高校文化氛围是相互影响的，文化氛围为教师教学能力发展策略的产生提供了动力和条件。

（二）社会环境对教师教学能力提升策略形成的影响

高校教师能力是高校核心竞争力的重要组成部分。我国发展高等教育水平，必然要促进高校教师教学能力的提升。我国不断推进高校教育水平的发展，特别是在改革开放之后，科教兴国战略大大提升了知识分子的社会地位，教育承担了更多的社会责任。我国高校纷纷紧跟政策引导，提升自身的竞争力，发挥高校的价值。在这种时代环境下，高校教师必然要提升自身的教学能力，来适应社会的发展需求。

第二节 智能时代高校教师教学能力提升策略分析

高校教师教学能力提升策略可以直接帮助教师提升教学能力，可是当前在制定策略方面很多高校仍然没有头绪，其实制定策略可以从以下几个方面来考虑，作为制定教学能力提升策略的指导思路。

一、设定基本方向

高校设定基本发展方向和基本制度不仅需要高校单方面努力，还应该鼓励教师参与其中，高校组织和教师个体共同努力，达成双方认可的制度和策略，这样才能实现良好的效果。这种共识就是需要确立以教师为主体的基本观念，作为提升策略制定的基本方向。高校在传统管理制度下虽然也对教师的教学能力的提升投入过资源，并组织过相应的活动，但是很多活动不论是在内容上还是形式上，都将教师当作被动接受知识信息的对象。教师个人在这种活动当中自主性难以被激发，导致效果很差。在这种模式下，不仅高校教师的教学能力提升效果很小，而且占据着教师的时间和精力，还容易引发教师的反感。教师面对这种集体化、统一化的教学能力培训会，即便兴趣缺失也必须参与，因为在传统管理模式下，高校都是以行政式、职级分明的管理方式来对高校教师进行管理的。也就是说，这种模式的教师教学能力提升方法是强制性、被动性的。在这种情况下，教师不得不去参与项目活动，最终教师花费了大量时间却没有提升教学能力。这种花费资源、精力以及时间却得到了适得其反的效果，显然是高校不愿看到的。

高校在对师资队伍进行培训之前，必须要根据师资队伍的实际情况，规划教师教学能力培养制度。在科学、符合实际的制度规范之下，高校教师能力发展机构贴近教师，为教师提供有效的教学能力提升活动，通过活动项目来实现培养高校教师教学能力的目的。

二、建立良好的学术生态环境

可以说，高校内部的学术生态环境在无形当中影响着每一名师生，良好的学术生态环境可以为教师教学能力提升策略有效实施提供土壤；相对，学术生态环境恶劣，教师不能沉下心提升教学能力，任何教学能力提升策略都难以有效开展。随着我国社会经济水平的发展，各大高校迅速扩招。很多高校近年沉迷于扩大生源、购置资产等提升自身经济能力的活动。经济能力对于高校来说固然重要，可是高校终归是培养高层次人才、研究学术发展的领域，在规模扩大方面投入过大的精力必然影响学术和教学工作的管理。建立高校教师教学能力提升策略，需要营造良好的学术生态环境，在良好的学术环境下，高校教师在教学能力提升方面会更加投入。这需要高校完善管理，建立健全合理的教师聘用、考评机制，推进高校改革的脚步。营造良好的学术生态环境甚至会使高校教师在学术钻研和教学当中获得精神享受，进一步激发教师提升教学能力的自主性。

三、高校教师教学能力提升建立教学自由的原则

高校当中本就应该建立自由平等的学术风气，教学自由是推进教师教学能力提升的基本条件，在自由的教学原则之下，教师会更加轻松，有利于实现教学创新。我国高校长久以来都以行政手段管理高校，在这种刚性管理的环境下，高校管理可以自上而下有序管理，建立相对稳定的管理体系。但是在这种刚性管理的环境下，高校教学必然会受到极大的束缚，教师的教学自由难以发挥。高校教师难以拥有教学决策权利，在这种管理环境下，甚至部分课程应该如何完成都设置了框架，高校教学本就不同于初高中教学。高校教学不仅仅要传输专业知识，更要在课堂中激发学生的创新能力，增强学生学习热情。要实现这个目标就要打造自由、具有个性化的高校课堂。同时，教学活动本就是一种需要创造性的活动，课堂教学丧失了自由的教学环境，高校教师的教学发挥必然会受到限制。从另一层面来看，这种管理方式下，教师在教学当中不能充分地发挥自己的能力，难以表现自己的激情，

不利于教师在教学实践当中获得提升。高校要为教师教学能力提升策略的实施提供一个自由的教学环境，在这种环境中的策略才可以更好地实施。

四、师资管理制度

高校教师教学能力提升策略的推行需要制度的保障，从根本来说，我国高校教师的教学能力得到提升，将直接提升我国高等教育水平。建立高校教师教学能力培养制度需要国家、地方政府和高校共同来完成，高校教师教学能力提升策略需要制度作为保障，所以国家、地方政府和高校需要为教师教学能力发展保驾护航。

第三节　智能时代高校教师教学能力提升策略的探索

从当今时代来看，提升高校教师教学能力是大势所趋，甚至已经成为一种制度性活动，需要高校予以重视。为了提升教师教学能力，不论是国家还是高校，一直都在探索，寻找适合我国高校的发展方式。

一、制度建设是高校教师教学能力提升策略的必要条件

（一）高校教师教学能力提升制度建设方面的探索

我国高校响应国家号召，在 20 世纪末开始推行扩招政策，如今我国高等教育规模逐年扩大。可以说，我国高等教育事业仅仅用了二十年的时间，在规模上就已经达到了西方发达国家高等教育的层次。这是我国国家大力发展高等教育的显著成果，而这也是高等教育发展制度不断推进深入所获得的成果。高等教育的快速发展，推动了高等教育大众化时代的到来，更多的人民掌握了知识，提升了整个社会的受教育水平。目前，我国在高校教师教学能力的提升方面深化改革，提出了内涵式发展道路。这一道路的发展核心是注重高等教育的质量，也是我国真正成为高等教育大国甚至强国的重要保证。

可以说，我国高校想在当今时代立足，就必须把教师能力的提升放在重要位置。

在发展的过程中，注重规模的扩展同时还要兼顾软实力的提升。高校竞争力的判定不仅仅是规模大小，更需要具有高水平的教育质量。对于高校来说，规模扩大仅仅提供了经济基础，而教

学质量才是高校发展的核心竞争力，这也是高校发展的特殊性体现。中国特色高等教育发展道路必然会将质量放在发展的核心地位，这是高校必须注意的，质量至上也是高等教育内涵式发展的要求。

如何提升高等教育的质量成为当前高校关注的问题，在思考这个问题之前，我们需要先思考高等教育建立的目的和任务。高等教育最根本的目的是培养人才，而且是高层次人才，培养人才最直接的方式就是教育，通过教育升华一个人的思想和精神，通过教育向学生输送专业知识和技能，教育工作是培养人才的基本手段，也是最重要的手段。

衡量一所高校的能力和水平，教育质量是其中最为核心的标准。当前来看，影响高校教育质量的因素有很多，其中，高校教师教学能力是其中重要的因素之一。高校教师对待学生应该做到公正平等，同样，教师对待自己也应该要有一个正确的认识，教师的专业知识就像是一桶水，如何将这桶水传递给学生，是值得深思的问题。教学过程不是教师的独角戏，需要教师与学生共同参与、双向互动才能产生效果。教师向学生输送知识的过程就像花匠将水灌溉即将成熟的花朵一样，高校学生是社会未来重要的人力资源，如何引发学生的思考，如何让学生能够更快地吸收水分，这些都需要教师具备高水平的教学能力才能实现。良好的课堂教学不仅学生受益，教师也会在教学中获得进一步的提高，在学生的反馈当中反省自身教学的得失。

从我国高校实际发展来看，由于大规模的扩招，高校师资队伍难以满足教学需求，所以更多的青年教师走上高校教师岗位，建立了一支支具有活力的青年高校教师队伍。青年教师的增加，提升了高校师资队伍的活力，青年教师不但有深厚的教育背景，而且有更强的学习能力，思维更为活跃，更具有创新思维。特别是在智能时代下，青年教师具有更强的好奇心，对新鲜信息和知识有着更为敏锐的捕捉能力，这都是青年教师的优势。不过，青年教师相应地缺乏经验，特别是教学能力方面还有很大的提升空间。另外，由于高校师资队伍缺口较大，聘任教师时有时会忽略教师是否具有教学专业的培训经历，而是更为看重学历和教育背景。教学经验不足的教师不能深入地了解学生心理，即便拥有再渊博的知识，也难以将知识有效地传输给学生。高校教师的教学能力不仅仅关乎高校的核心竞争力，更成为整个国家所关注的问题。

高校教师特别是青年教师的教学能力强弱，直接影响了高校教学成果能否实现，直接影响着我国高等教育的发展。高校注重内涵式发展已经成为时代要求，也是高校必须践行的前进路径。要实现高校内涵式发展，就必须提升教学质量；提升教学质量，就必须要解决高校教师教学能力的问题。从宏观角度来看，高等教育的发展必须要实现内涵式发展，而提升高校教师教学能力是取得内涵式发展的重要途径。

（二）制度建设是高校教师教学能力提升的保障

制度为高校教师教学能力提升提供了基础和保障。教师的教学能力直接关系到高校教育是否能够健康、持续地发挥价值，在制度的保障下，高校教师才会无后顾之忧地、更为深入地研究，获得不一样的感悟。高校教师教学能力需要高校从大方面上统筹规划，对资源进行调配，充分发挥财力、人力和物力的作用，而这都需要制度作为保障。在完善的制度之下，资源有条不紊地为教师能力提升提供保障，最终实现高等教育发展的目标，根据教师教学能力培养的需要，实行科学制度安排，建立科学合理的机制。当前很多地区都从制度上入手，地方政府和高校纷纷出台鼓励高校教师提升教学能力的相关文件或政策。但是仅仅有政策的鼓励还不够,需要政策能够落实,将美好的愿景落实为实际的资源支持,这样才能让蓝图变为现实。因此,制度和执行力两者都不可缺少,这也是推进高校教师教学能力提升工作顺利开展的重要保证。

实行制度建设可以降低高校教师教学能力培养工作的各种不确定性。高校教师教学能力的提升是一项长久而复杂的工程。高校教师教学能力的培养需要高校和政府以及教师持之以恒地坚持,教学能力是高校教师整个职业生涯都不可缺少的职业能力,会贯穿教师整个职业生涯始终,想提升教学能力就必须对教师的职业发展每一步都投入关注。另外,高校教师的教学能力在培养方面不仅仅是本专业,还需要更大宽度。获得教学能力培养是教师享有的权利,高校在组织教师教学能力培养工作时必须注意公平性,这也是教学能力提升制度建设多年探索所总结的宝贵经验。

教师的教学能力培养需要具有一定的深入性,培训效果不能流于表面,仅仅有形式上的培训毫无作用,必须深入到教师群体当中。另外,高校教师培养需要考虑到教师的个性。高校实现内涵式发展,提升自身竞争力必须要走可持续、有特色的发展道路。

所以，高校教师在教学能力培养工作中应该服从上级安排。笔者认为，高校教师教学能力提升要确立教师的教学能力是培养的核心内容，在这样的观念引领下，坚持以培养内容作为媒介，实现提升高校教师的教学能力这一培训目标。培养内容是以高校教师的教学能力培养作为依据，对高校教师的能力有一个相对明确的目标，进而去努力达到这些教学能力标准。高校教师有了努力的目标，拥有了动力，高校也就可以根据实际情况规划提高高校教师教学能力的具体内容和实施办法。制定的实施办法应该切实、具有可执行性，从而使实际培训工作做到有的放矢，避免盲目设定导致培训工作没有方向，帮助高校教师教学能力提升工作形成科学化、常态化。然后，高校教师作为教学能力培训的主体，就应该具有主体行为意识，同时高校应该从制度上确保高校教师主体行为的执行。高校教师教学能力提升工作的实施主体是政府、高校和教师，所以教师也应该承担自己相应的责任，不要形成依赖高校和政府的观念，分清自己的义务和权利，确保教学能力提升工作能够落到实处。

（三）制度可以提升教师的自我发展意识

高校教师是高等教育第一线的工作者，教师将高等教育落到实处。所以，不论是政府还是高校，推进政策和具体的实施策略都应该是针对高校教师来设定的。在科学合理的教学能力培养制度之下，高校教师必然会获得合理、科学的培训服务，高校教师的教学能力会获得健康的成长。高校教师教学能力培养制度的建设是促使高校教师不断提升的保障，在科学合理的制度安排之下，通过鼓励、支持等方式直接帮助高校教师提升教学能力。高校教师稳固专业知识的同时，通过丰富、科学的培训内容，帮助教师了解、学习更多的教育相关知识，特别是教学实践能力。在科学合理的培训活动当中，帮助教师更加积极地对待高校教学工作。通过制度的建设，为高校教师提供一个具有学术氛围的工作和成长环境，在高校当中形成良性循环，为高校教师提供更强的精神力量，不断督促教师实现自我发展。为高校教师打造良好的学术环境有利于高校教师建立正确的教学观念，而环境建设同样需要制度作为基础。良好的学术环境是促进教师教学能力提高的重要方式之一。所以，要高校学术环境得以建立，就必须坚持制度建设。这也是我国在高等教育发展建设中得出的重要经验。

（四）制度建设可以巩固培养成果

通过制度建设，能够有效地巩固高校教师培养工作的成果，高校教师教学能力的提升制度应该具有系统性和灵活性。科学合理的制度不仅仅是一种对政府、高校以及教师教学能力培养工作的规范，更具有不断完善的功能。通过实际教师教学能力培养工作的实施，将实际工作成果和反馈反作用于制度体系，实现完善和修正制度的目的。进而将更为有效、更贴合实际工作的制度保留下来，完成传承工作。我国在高等教育发展方面不断地出台政策，同时也在听取各地方政府以及高校的意见反馈，从而对已出台的制度进行改善，进而提供更为完善的政策指导，帮助高校在内部建立更为有效地政策。在实践中发现不符实际、难以执行的制度，充分发挥实践指导制度的作用，将理论与实际结合，形成制度体系，这种做法可以从根本上为高校教师教学能力培养提供助力。

二、制度建设作用于高校教师教学能力提升的原理

制度作为基础，完成改革探索其背后的原理需要探讨，探寻其中的原理将会有深远的意义。笔者认为，制度建设之所以成为

高校教师教学能力提升的改革突破口，是由于制度自身的特点所决定的，在制度特有的强制性、科学性以及系统性之下，高校教师教学提升工作才能够有所依据，更好地开展完成。

（一）制度的强制性

建立高校教师教学能力培养制度体系最终的目的，是用以汇总制度化的形式，对高校教师教学能力培养相关工作进行规定。通过这种制度化、强制化的规定，保证高校教师教学能力提升的相关工作能够以一种常规化的状态实施完成。

近几年，在国家不断摸索和引导下，高校教师整体教学能力是有所提升的，说明我国高等教育发展的政策是具有成效的。这得益于国家在高等教育发展方面的大量投入，可是当前的发展成果仍旧不足，建立相应的制度不仅可以确保国家政策得以落实，又能够提升高校管理自主性，让高校教师教学能力培养成为高校管理常规化的工作内容。

（二）制度的科学性

高校教师教学能力的提升需要进行明确规划，不能盲目进行，合理科学的制度是提升策略推进的前提，在制度的框架下高校各部门各司其职，注重联系与合作，通过制度才能将高校组织连为一体，真正地为教师服务。另外，教师教学能力培养在科学合理的制度框架之中，保证高校教师教学能力提升工作不以人的意志为转移，提升教师培训工作的执行力。制定高校教师教学能力培养制度体系，其实就是将高校教师的教学能力每一步的发展都规范在科学合理的制度框架当中，保证培训工作有序进行，不会受到其他因素的干扰。同时，高校教师教学能力培养工作是否能够实现有效地实施，还需要具有一套科学、灵活的运行机制，这就要求高校对于教师培养方面需要了解教师群体不同的培养需求，通过灵活的方式来为教师教学能力提升提供所需要的资源。最终，高校在制度框架内为高校教师教学能力发展提供帮助，真正地为科学地提升高校教师教学能力提供保障，打造坚实的发展基础。

（三）制度的系统性

制度建设为高校教师教学能力的提升提供了体系支持，所以制度系统设计至关重要，需要涉及高校教师培养工作的各个方面。通过科学的制度体系，在各个环节当中，高校教师都能从中有所收获。高校教师教学能力的培养，不是一蹴而就的，是一项必须长期坚持的系统工作，需要一套系统的制度体系来支撑。国家、地方政府以及高校都是这套制度体系建设的参与者，这三层管理组织都是高校教师教学能力提升制度的设计者，需要三个组织层面共同发力。各个方面的力量支持对于高校教师教学能力的提升有着重要的意义，国家制定宏观政策，地方政府更具地方特点对高校进行指导，高校则根据自身的实际情况制定制度体系。充分利用三个层面的力量，打通层面之间的沟通障碍，各个层面连为一体，充分地开放各个层面的优势以及有效资源，提升各方参与教学能力培训工作的积极性。在各个层面的努力之下，最终建立一套上下联动的制度体系。这是我国在高等教育发展探索中并借鉴国外先进经验后所应遵循的发展方式。通过制度体系为高校教师教学能力提供多方面的行动保障和指导。高校教师教学能力培养工作有了制度支持，就可以遵循制度进行活动，为教师提供制度保障，教师教学能力获得高校和社会认可会更具有积极性，将教师教学能力培养的成果惠及每一位有需求的高校教师，这是建立教师教学能力培养制度必须遵循的原则。以教师为本，将教师放在中心位置，以此来建立制度体系，可以更大程度地发挥教学能力培养制度的优势和作用。

第四节　智能时代高校教师教学能力提升策略的实现方法

　　制度体系的建成直接保证了高校教师教学能力的培养切实执行，但是，在这之前，如何设计教学能力的培养制度，对于培养教师教学能力有着巨大的作用。制度是一个系统，设计高校教师能力培养制度必须要遵循一定的原则，并要把握一定的方向。制度建设需要从国家、地方政府以及高校三个层面来建立健全，为高校教师教学能力的提升提供更好的保障，切实地提高高校教师的教学能力，促进我国高等教育平稳发展。

一、制度建设推动策略落实

　　实现高校教师的发展，必须以教师为主体，将教师放在关注的第一位。也就是说，高校教师的自主性和个性化是实现教师教学能力发展所离不开的。对于教师教学能力进行形式上的培训和教育固然重要，但是教师个人的自我要求可以更好地发挥教师自己的主动性。所以，高校教师教学能力提升策略要真正地落到实处，首先要保证教师群体对这些项目内容是接受的态度。教师有提升教学能力的需求，才会有更强的学习动力。高校教师实现发展需要外部和内部双方面的动力作为支持，教师才会更有动力去提升自己的教学能力。外部动力包括物质和非物质的奖惩，而内部动力则是高校教师内心对于自我能力提升的需求程度。为了使高校教师教学能力提升策略更好地执行，在设计高校教师教学能力培养制度方面，可以做以下的努力。

（一）建立良好的学术生态环境

高校学术生态环境是高校教师在学术研究等学术相关活动领域当中良好的运行关系所构建的环境。高校学术生态环境对每一个在高校当中生活、工作和学习的人员都产生着巨大的影响。高校教师教学能力的培养必须拥有良好的学术生态环境，在良好的学术生态环境当中，各种提升教师教学能力的策略才会有施展的空间。

（二）必须遵循教学自由的原则

教师教学能力需要在一个自由的环境之下才能获得发展，教学自由是教师实现教学创新的基本条件。在教学自由的环境之下，教师教学能力必然会获得发展。不论是政府还是高校，要为教师提供一个可以充分发挥自己教学能力和教学理念的环境。高校教学环境需要有不一样的声音，各种教学形式相互交流，才能不断为教师提供更强的教学创新力。

（三）建立三层贯通的高校教师教学能力培养制度体系

建设高校教师教学能力制度，从根本来说，其实最终是为我国高等教育水平提供前进的动力，推动我国成为教育强国。高校教师教学能力培养制度需要国家、地方政府和高校三层管理共同完成。从我国高等教育管理结构来看，大体可以分为三层，国家和教育部推行的高等教师教学能力提升政策是上层，对我国高等学校教师教学能力起着总体的引导作用。地方政府承担着这个结构的承接角色，地方政府要领会国家下发的政策指示，结合本地区的高等教育发展情况，进而向高校下达更为具体的高校教师教学能力提升制度建设要求。地方政府上面是中央政府的领导，而下面则要对高校在教师教学能力提升进行指导。高校是结构的第一线，高校直接与教师接触，高校根据国家和地方政府的政策指导，建立科学合理的教师管理制度，为高校教师教学能力提升保驾护航。我国的行政体制属于自上而下的管理方式，上级直接管理下级。在这三层管理层级当中，必须坚持中央政府的统一领导地位。在中央政府的指示之下，地方政府对本地区高校给予一定程度的引导和帮助，但是必须保持高校的自主权。切实完成上级部署，同时根据自身实际情况进行适当地调整，三层管理模式实行上下贯通，从管理组成的层面来实现高校教师教学能力提升策略有效实施的目的。

（四）重视人本、建立法制化教师教学能力培养制度

推行教师教学能力提升策略，建设教师教学能力提升制度，不仅要树立法制化的观念，还必须强调人本观念，推行人性化。法制化和人性化并不是对立的两面，两者的结合才是组织管理所追求的目标。同时，建立具有法制化和人性化的高校教师教学能力培养制度也是极其有必要的。总的来说，一方面，高校教师教学能力培养制度必须要具有法制化，国家层面通过立法的形式保障教师接受教学能力培训的权利，这需要法治强制性的介入，来确保培养策略得以实施。实现法制化是确保高校教师教学能力培养工作实现科学化、落实发展策略的根本保障，可以确保高校教师教学能力培养工作获得稳定性，实现连续地工作，将教学能力提升策略进行到底。另一方面，高校教师教学能力培养制度当中

必须体现人性化。人本管理是当前组织管理不可缺少的要素，通过人本管理能够有效地提升教师个人的内在自主性，提升激励手段的有效性。通过人本管理可以将组织的意志变为教师个体自觉的行为。高校教师教学能力培养不仅仅需要刚性的法制化管理方式，还需要更为注重人文情怀的人本管理模式。通过制定人性化的管理制度，为教师提供物质上和精神上的支持，充分考虑到教师的个人需求。人性化的融入有助于高校更加深入了解教师，对教师的激励手段更具有针对性，更利于提升教师教学能力策略的落实。

（五）高校教师教学能够培养制度多样化

随着高校不断扩招，我国各所高校教师队伍越来越庞大，同时高校教师队伍的构成也比较复杂。从教师的教龄来看，既有仅一两年的青年教师，也有长达几十年的经验丰富的老教师；从教育背景来看，我国高校教师并不都经历过师范专业的教育，相当一部分教师并没有接受过师范教育；如果从教师讲授的课程来看就更为复杂，包括公共课、专业课、理科类课程以及文科类课程等。总之，对高校教师群体进行划分可以有很多种分法。不论如何划分，教师的教学能力发展情况都是不同的，教师所需要的培训内容也各不相同，这说明培养教师教学能力必须尊重教师的个性。所以，在构建高校教师教学能力培养制度时，必须充分地考虑到教师的个性需求和特点，这也是以人为本思想的体现。教师个性是教师独立性的体现，高校本就应该主张个性的展现，这样才会推动学术的发展。所以，建立教学能力培养制度必须尊重教师的个性。

二、高校教师教学能力提升策略实施所需的支持

（一）国家对高校教师教学能力提升策略实施的支持

为了引领高校教师更好地发展职业生涯，国家应该大力支持教师教学能力的提升，通过宏观政策的引导，转变地方政府以及高校管理层的观念，有助于教师提升专业能力的积极性；通过对比职业发展标准，高校教师能够更为直观地发现自身存在的不足，并有针对性地进行改正。所以，必须制定具有参考价值的、具有统一性和广泛性的高校教师专业发展标准。高校教师专业发展标准不仅要有专业能力的评价，还应有专业精神。专业能力主要指教师的教学能力和专业知识水平等，而专业精神则是教师对于职

业的认可和专业操守等内在素养层次。

（二）地方政府对高校教师教学能力提升策略实施的支持

地方政府在教师教学能力发展方面承担着重要的职责，是制度的建设者之一，地方政府也是高校教师教学能力提升策略参与者之一。地方政府承担着承上启下的重要作用。因此，地方政府应该在以下方面进行努力。

首先，根据国家推行的《教师法》以及《高等教育法》等法案政策，对本地区的高校教师教学能力提升制度建设提出实施意见。发挥地方政府的引导作用，帮助高校完善制度建设工作。地方政府推出《高校教师教学能力提升培训指导意见》等制度性文件，将高校教师教学提升作为地区发展政策，为高校教师教学能力培养工作提供保护。另外，地方政府做好引导工作，对高校予以经济支持。为了鼓励高校以及高校教师更加重视教师教学能力的培养，地方政府的教育部门可以组织高校教师教学竞赛，通过竞赛的形式吸引青年教师的参与，激发青年教师提升自身专业能力的动力。而经验丰富的教师可以不必参加，但是要担任青年教师导师的任务。总之，通过地方政府的组织能力，调动本地区高校之间教师教学比拼。青年教师参赛，有经验的教师则作为指导，充分调动本地区高校教师的积极性。通过这种竞赛的形式直接为各个高校搭建交流的平台，共同推动教学水平的提高。在交流中优秀的教学经验和教学方法会被共享，实现共同学习，并挖掘优秀青年教师，促进良性竞争的产生。

最后，地方政府教育部门可以推行建立高校教师教学改革立项或教学成果评测制度。我国高校一直存在重学术、轻教学的不良风气，地方政府根据本地高校实际发展情况，建立高校教师教学成果评测或教学改革立项的制度。通过这种鼓励教学创新和教学研究的方式，发挥地方政府教育部门的引导能力，鼓励教师积极投身高校教学建设当中，对教学工作予以重视。另外，通过三方权力组织的发力，确实可以为高校教师教学能力提升保驾护航。

（三）高校对于高校教师教学能力提升策略实施的支持

从培养高校教师的层面来看，高校是最直接的组织者和实施者。高校教师教学能力培养工作由高校直接负责，高校管理者必须摆正观念，师资队伍仅仅靠引入是难以满足高校发展的，只有培养属于自己的教学人才，才是智能时代高校人才队伍建设的发展道路。高校建立科学合理的制度，可以为教师教学能力提升策略的实施打好基础。高校可以建立以下制度为教师教学发展机构运行保驾护航。

首先是教师助教制度。这一制度是专门面向青年教师的制度。刚入职的青年教师教学经验不足，需要继续提升教学能力。在科学、合理的管理制度之下，高校可以充分地利用制度优势，在培养教师方面运用各种方式和策略。另外，高校通过教师集体交流可以发挥老教师的经验优势，来对青年教师进行指导，通过这种方式不仅提升了整体师资队伍力量，还拉近了教师关系。另外，必须要充分地运用各种方式进行教师课前准备。课堂教学的质量往往与教师课前准备程度有直接的联系。要让高校课堂教学效果令人满意，就需要教师做好课前准备工作，教师认真备课做好上课的准备，才能在教学当中有条不紊，取得良好的教学效果。而进行集体备课，则结束了传统高校教师独自备课的情况。教师独自备课就是单打独斗，在集体备课当中，教师们相互吸取彼此优点，吸纳了集体的智慧。同时，集体备课并不会限制教师的教学自由，教师在汲取了群体的智慧后，再加入自己的理解与教学风格，可以带来更好的教学效果。而且，集体备课可以在高校形成良好的教学风气，新老教师平等交流，共同提高了教学能力。教师听评课是教师之间相互学习的过程。通常在教师教学发展机构当中会有这样的实践，但是毕竟不是真正的课堂。建立教师听评课制度，教师直接进入课堂聆听其他教师的课程。这对于高校教师来说是受益匪浅的。青年教师在资深教师的课堂上学习更多的教学方法和经验，而资深教师也可以学习青年教师具有新意的教学方式。

参考文献

[1] 钱江明.我国高等职业教育数字化转型的研究主题及发展趋势——基于核心期刊文献关键词的可视化分析[J].广州广播电视大学学报,2023,23(01):32-39+59+109.

[2] 曹晔.高等职业技术师范教育在高等教育转型中的样板作用——《职业教育与高等教育融合研究》评介[J].职业技术教育,2020,41(33):44-46.

[3] 马春峰,裘荣鹏.百万扩招背景下高等职业教育转型与应对措施[J].辽宁广播电视大学学报,2020(01):67-69.

[4] 何惠丽."大扩招"背景下的高等职业教育转型发展[J].成人教育,2020,40(01):71-74.

[5] 孙庆彬. 向高等职业教育转型的应用技术大学就业指导课程体系建设研究[J]. 福建茶叶, 2019, 41(07):134-135.

[6] 赵文忠. 高等职业教育在供给侧改革中转型发展探索[J]. 宿州教育学院学报, 2019, 22(02):93-95.

[7] 卢竹. 我国高等职业教育转型发展的演进及动因研究——基于多学科的视角[J]. 职教通讯, 2018(13):25-29.

[8] 朱加宁. 顺应时代潮流 满足现实需求——俄罗斯高等职业教育转型改革现状一瞥[J]. 科教导刊(上旬刊), 2018(16):5-6.

[9] 张清涛, 常莉. "互联网+": 高等职业教育转型的载体[J]. 产业与科技论坛, 2017, 16(19):214-215.

[10] 张娟, 毛景焕. 区域高等职业教育转型发展探究——基于江海联动的视角[J]. 南京航空航天大学学报(社会科学版), 2017, 19(03):97-100.

[11] 宁云涛. 协调与转型: 新时期高等职业教育开放化的路径研究[J]. 职教论坛, 2017(02):84-87.

[12] 张旭刚. 后示范时期高等职业教育转型提质需要正确处理好"五个关系"[J]. 职业技术教育, 2016, 37(12):56-59.

[13] 穆建国. 高等职业教育转型发展中的人才培养质量探析

[J].中国管理信息化,2016,19(08):228-229.

[14] 秦培林,唐若茹,石铁峰.新型城镇化背景下广西高等职业教育转型研究[J].广西教育,2015(31):4-5.

[15] 毛海英,曾青云.中国高等职业教育转型与创业教育改革——基于《国务院关于加快发展现代职业教育的决定》的解读[J].中国成人教育,2015(11):68-71.

[16] 李文霞.高等职业教育转型发展探究[J].教师博览(科研版),2015(04):11-13.

[17] 柏晶,周周.高等职业教育转型背景下发展性师资培养模式的建构[J].职业教育(中旬刊),2015(02):36-39.

[18] 淮文博,王荪馨,李虹.高等职业教育转型升级的新内涵和新路径[J].教育与职业,2015(05):5-7.

[19] 谭晓明,李佳圣,白梦清,闵建杰,曾宪章.高等职业教育转型发展的思考与实践——以湖北职业技术学院为例[J].湖北职业技术学院学报,2014,17(04):12-15.

[20] 李正,翟振东,雍浩,尹文涛.高等职业教育转型发展刍议——以社会力量加入办学体系为例[J].山东高等教育,2014,2(10):70-75.

[21] 宋丽娟, 杨水华, 谢慧敏. 思与辨: 对民办高等职业教育转型的审思 [J]. 职教论坛, 2013(32):10-13.

[22] 何煦. 独立学院向高等职业教育转型的三个视角 [J]. 教育学术月刊, 2012(01):90-93.

[23] 李自刚, 周可可, 王慧杰. 成人高等职业教育转型及发展趋势探讨 [J]. 河南教育 (高校版), 2008(09):78-79.

[24] 黄辉. 独立学院向高等职业教育转型研究 [D]. 国防科学技术大学, 2006.

[25] 中国高等职业教育计算机教育改革课题研究组. 智能时代中国高等职业教育计算机教育课程体系 2021[M]. 北京: 中国铁道出版社, 2021.

[26] 谢能付, 曾庆田, 马炳先, 等. 智能农业 [M]. 北京: 中国铁道出版社, 2020.

[27] 张健. 高等职业教育整合论 [M]. 北京: 教育科学出版社, 2015.

[28] 孙玲. 大数据时代职业院校会计人才培养模式的改革与创新 [M]. 北京: 中国纺织出版社, 2021.

[29] 孙锋申, 丁元刚, 曾际. 人工智能与计算机教学研究 [M].

长春：吉林人民出版社，2020.

[30] 屈省源，凌黎明，张书．电梯智能控制技术与维修 [M]．重庆：重庆大学出版社，2022.

[31] 陈玲，宋俊骥．智能财税共享服务 [M]．北京：北京理工大学出版社，2021.

[32] 车仁美，李万忠，江兴林，等．职业教育工作手册 [M]．北京：中国人事出版社，2000.

[33] 龚乐进，等．教师职业道德 [M]．北京：北京师范学院出版社，1992.

[34] 桂林医学院教务处．高等教育教学研究论文集 [M]．南宁：广西科学技术出版社，2006.

[35] 盛卫才，任久华，秦宏康．高等职业教育理论与实践探索 云南爱因森软件职业学院教学科研论文集 [M]．昆明：云南大学出版社，2008.

[36] 罗金玲．互联网 + 时代智慧校园建设探索 [M]．长春：吉林大学出版社，2018.

[37] 全国旅游职业院校协作会．旅游职业教育研究与探索 2008[M]．北京：旅游教育出版社，2008.

[38] 牛文起主. 护航青春 普通高等学校辅导员网络培训优秀研修成果汇编[M]. 北京：国家行政学院出版社, 2016.

[39] 柳州运输职业技术学院学报编辑部. 职业教育研讨 第1册[M]. 广州：华南理工大学出版社, 2007.

[40] 王乐夫，林伦伦. 职业教育发展理论与实践[M]. 广州：暨南大学出版社, 2007.

[41] 任秋君，骆子石. 高技能教育 三元一体职业教育模式研究[M]. 上海：上海交通大学出版社, 2010.

[42] 徐宝力. 北京高等教育精品教材工程建设 2001-2006[M]. 北京：北京航空航天大学出版社, 2007.

[43] 中国纺织工业联合会，中国纺织服装教育学会，纺织之光科技教育基金会. "纺织之光"中国纺织工业联合会纺织高等教育教学成果奖汇编 2015 版[M]. 上海：东华大学出版社, 2016.

[44] 李建敦. 大数据技术与应用导论[M]. 北京：机械工业出版社, 2021.